# Entmobbt

Mia und die Pflegefamilie

Lilly Fröhlich

# Entmobbt

Mia und die Pflegefamilie

Band 5

# Impressum

*Bibliografische Information der Deutschen Nationalbibliothek: Die Deutsche Nationalbibliothek verzeichnet diese Publikation in der Deutschen Nationalbibliografie; detaillierte bibliografische Daten sind im Internet über http://dnb.dnb.de abrufbar.*

TWENTYSIX – Der Self-Publishing-Verlag
Eine Kooperation zwischen der Verlagsgruppe Random House und BoD – Books on Demand

© *2020 Lilly Fröhlich, überarbeitete Auflage*

*Herstellung und Verlag:*
*BoD – Books on Demand, Norderstedt*

*ISBN: 978-3-740-765613*

| | |
|---|---|
| *Illustration:* | Lilly Fröhlich, © Lilly Fröhlich |
| *Covergestaltung:* | Lilly Fröhlich/Isabelle Ferrara, © 2020 Lilly Fröhlich |

Alle Rechte vorbehalten.

Das vorliegende Werk ist mit all seinen Teilen urheberrechtlich geschützt und darf – auch teilweise – nur mit Genehmigung der Autorin wiedergegeben werden. Das Kopieren, die Digitalisierung, die Farbverfremdung und Ähnliches stellt eine urheberrechtlich relevante Vervielfältigung dar. Verstöße gegen den urheberrechtlichen Schutz sowie jegliche Bearbeitung der hier erwähnten schöpferischen Elemente sind nur mit ausdrücklicher vorheriger Zustimmung des Verlags und des Autors zulässig.

# Inhaltsverzeichnis

Karatekämpferin .................................................. 13

Die fremde Frau ................................................... 27

Geheimnisse ......................................................... 38

Mobbing ist kein Kinderspiel ............................... 48

Die STOPP-Methode ............................................ 58

Aufregung im Zoo ................................................ 74

Lucas Mutter ........................................................ 90

Mobbingberater ................................................... 111

Das Schulprojekt ................................................. 135

Der Pate ............................................................... 148

Der Star ............................................................... 161

Sei schlagfertig! ................................................... 178

Das Zertifikat ...................................................... 191

## **Steckbrief:**

Name: Mia Maibaum

Alter: 12 Jahre

Adresse: Bärenklau

Was ich mag: Pinguine, Malen

Was ich nicht mag: Streit, Mobbing

Was ich werden will: Tierärztin

### **Steckbrief:**

Name: Emma Rosenstein

Alter: 12 Jahre

Adresse: Bärenklau

Was ich mag: Pippi Langstrumpf

Was ich nicht mag: Fleisch

Was ich werden will: Chefin

## **Steckbrief:**

Name: Michael Müller

Alter: 12 Jahre

Adresse: Bärenklau

Was ich mag: Computerspiele

Was ich nicht mag: Mobbingopfer sein

Was ich werden will: König, Chef

### **Steckbrief:**

Name:                   Boris Brotmayer

Alter:                  12 Jahre

Adresse:                Bärenklau

Was ich mag:            Computerspiele

Was ich nicht mag:      dumme Jungs

Was ich werden will:    Millionär

## **Steckbrief:**

Name:                  Nicolina Grün

Alter:                 30 Jahre

Adresse:               Bärenklau

Was ich mag:           Sport, Lesen

Was ich nicht mag:     Streit

Was ich werden will:   Sozialpädagogin

## **Steckbrief:**

Name: Lisa Sorgenfrei

Alter: 35 Jahre

Adresse: Bärenklau

Was ich mag: Musik

Was ich nicht mag: Streit, Gewalt

Was ich werden will: Sozialpädagogin

# Karatekämpferin

»Und sieh nur, wie fett er geworden ist«, stößt Lennard Bayer gehässig hervor.
»Seine Klamotten kauft er bestimmt im Supermarkt«, fügt Boris Brotmayer hinzu.
»Gleich fängt er an zu heulen«, lacht Hannes Steinmeier.
Mia Maibaum erblickt ihren langjährigen Klassenkameraden Michael Müller in der Mitte der drei fiesesten Jungs der Klasse 6b: Lennard, Boris und Hannes.

Fast schon konnte man meinen, die drei hätten sich gegen alles und jeden verschworen. Es verging kaum ein Tag, an dem nicht irgendjemand von ihnen attackiert wurde.
Natürlich so, dass die Lehrer nichts mitkriegten.

»Was passiert da vorne?« wendet sich Emma Rosenstein an ihre Freundin.
Mia zuckt mit den Schultern. »Keine Ahnung. Aber es sieht nicht nach Spaß aus.«
»Wetten, dass Michael mal wieder ihr Opfer ist?«, zischt Emma erbost. Wütend stemmt sie die Hände in die Hüften. »Die drei Jungs sind mittlerweile eine echte Gefahr für unseren Seelenfrieden.«
»Wie meinst du das?«, mischt sich Amelie Sanders ein. Atemlos kommt der Zwilling neben ihnen zum Stehen. »Bin ich schon zu spät?« Sie blickt eilig auf ihre Armbanduhr und atmet erleichtert aus. »Nein. Noch zehn Minuten. Glück gehabt.«
»Nun«, antwortet Emma, »jede Nase, die den Dreien nicht gefällt, wird so lange gebrochen, bis man sie nicht mehr reparieren kann.«
»Verstehe ich immer noch nicht«, sagt Amelie und wirft ihre langen dunkelroten Locken über die Schultern. »Wieso brechen sie die Nasen von anderen Schülern?«
Mia schneidet eine Grimasse. »Das hat Emma nicht wörtlich gemeint. Bisher sind die drei Chaoten zumindest nicht beim Prügeln erwischt worden. Aber wir sehen sie immer öfters beim Ärgern von Mitschülern.«
»›Mobbing‹ nennt man das übrigens«, mischt sich Nils Sanders ein. Amelies Zwillingsbruder grinst und zieht Emma am Pippi-Langstrumpf-Zopf, den sie auch jetzt in der sechsten Klasse noch nicht abgelegt hat. »Guten Morgen, Pippi.«
»Guten Morgen, Rotbart«, kontert Emma schnippisch. »Und wir wissen sehr wohl, dass das ›Mobbing‹ heißt.«
»Was? Was hast du gesagt?«, fragt Mia zerstreut.
»Ich glaube, Mia schläft noch«, sagt Amelie schmunzelnd.

Mia dreht ihr verwirrt den Kopf zu. »Schlafen? Ich? Nein.« Sie winkt ab. »Ich habe versucht, zu hören, was die Mobbing-Bande zu Michael sagt.«
Michaels Gesicht ist mittlerweile hochrot. Verstohlen wischt er sich eine Träne aus den Augenwinkeln.
Boris schubst Michael von sich.
Michael stößt gegen Hannes. Der schreit angewidert auf und schubst Michael zu Lennard.
»Bist du bescheuert?«, ruft dieser. »Das Fettschwein ist bestimmt vergiftet. Jetzt kriege ich Pestbeulen. Oder schwarze Pocken.«
»Ich glaube, Michael kann sich nicht mehr alleine wehren«, bemerkt Amelie.
»Das reicht!« Entschlossen stapft Mia auf die Jungs zu.
Michael landet derweil auf dem Boden.
»Lasst ihn in Ruhe!«, ruft Mia.
Überrascht blickt Lennard auf. »Oh, Mia, sag bloß, du hast ein Herz für hässliche Fettsäcke?«
»Vielleicht steht sie auf Speckbrüste?«, sagt Hannes hämisch lachend.
Wütend funkelt Mia ihn an. »Spinnst du? Lasst ihn endlich in Ruhe! Er hat euch doch gar nichts getan.«
»Verschwinde! Das ist nix für Mädchen. Das ist Jungssache«, blubbert Lennard sie an. Er will sie gerade wegschubsen, als Emma angesprungen kommt und Lennard am Handgelenk packt. Mit einer gekonnten Bewegung verdreht sie ihm den Arm. Den Bruchteil einer Sekunde später liegt Lennard auf dem Boden.
»Was...?« Weiter kommt Lennard nicht, denn Emma stellt ihm selbstbewusst einen Fuß auf die Brust. Verärgert beugt sie sich vor. »Lass deine Finger von Mia! Krümmst du meiner Freundin auch nur ein Haar, mach ich dich fertig. Und ich habe den schwarz-gelben Gürtel.«
»Du hast einen schwarz-gelben Gürtel? Für Pappnasen, oder was?«, witzelt Hannes, doch Emma springt so blitz-

schnell auf ihn zu, dass er schreiend Reißaus nimmt.
»Du kannst Karate?«, fragt Nils erstaunt.
Emma nickt. »In zwei Monaten lege ich die Prüfung für den schwarz-blauen Gürtel ab. Mein Sensai sagt, ich bin eine seiner besten Schülerinnen.«
»Was ist ein ›Sensai‹?«, fragt Nils.
»Ein Karate-Lehrer«, antwortet Emma.

»Seit wann machst du Karate?«, will Mia wissen.
Emma lächelt. »Ich trainiere seit sechs Jahren zweimal die Woche.«
»Warum hast du das noch nie erzählt?«, fragt Mia, die noch immer überrascht ist.
Emma zuckt mit den Schultern. Dabei wippen ihre zwei rotbraunen Pippi-Langstrumpf-Zöpfe keck auf und ab. »Ich wollte nicht prahlen.«
»Aber das war eben richtig cool«, lobt Nils sie.
Emma errötet. »Halb so wild. Ich kann noch ganz andere Griffe.«
»Zeigst du sie uns?«, fragt Nils und zwinkert Emma hoffnungsvoll an.
Bevor Emma antworten kann, zischt Lennard: »Bloß nicht! Eine Irre reicht jawohl in der Klasse.«

»Du hast Glück, dass man beim Karate auch lernt, sich zu beherrschen. Sonst würde ich dir gleich noch eine verpassen«, kontert Emma wütend. »Und jetzt verschwindet und lasst Michael in Ruhe!«
Michael rappelt sich vom Fußboden hoch. Viel zu akribisch klopft er sich die Hose ab, dabei ist sie gar nicht so dreckig geworden. »Du musst mir nicht helfen«, stammelt er leise.
Emma rümpft die Nase. »Ist das deine Art, ›Danke‹ zu sagen?«
Michael schnauft.
»Siehst du, Emma, es lohnt sich nicht, die Schwabbelbacke zu verteidigen«, pfeffert Lennard in den Raum. Mit einem galanten Sprung steht er wieder auf zwei Beinen.
»Halt den Mund, Lennard«, sagt Thomas, der soeben den Klassenraum betreten hat.
»Du hast mir gar nichts zu sagen, kleiner Tommy!« Zornig starrt Lennard zu seinem ehemaligen besten Freund. »Du bist eine blöde Zirkusschwuchtel geworden. Hüpfst neuerdings im ›Tutu‹ durch die Gegend, was? Ich pinsele dir gleich mal dein Popöchen.«
Thomas hebt drohend die Faust. »Halt bloß die Klappe!«
»Was ist ein ›Tutu‹?«, fragt Nils leise.
Emma wirft ihm einen schiefen Blick zu. »Ein Ballettröckchen. Weißt du das nicht?«
Nils zuckt mit den Schultern. »Ich interessiere mich mehr für Fußball als für Ballett.« Er mustert Emma. »Aber Karate könnte mir in Zukunft auch gut gefallen.«
Emma lächelt zurück. »Vielleicht verrate ich dir, wann und wo ich den nächsten Wettkampf habe.«
»Was für ein Wettkampf? Sport? Ich bin dabei«, ruft Herr Knabe voller Elan. Schwungvoll landet seine alte, abgewetzte Ledertasche auf dem Pult. »Guten Morgen! Setzt euch! Ihr seid doch nun schon in der sechsten Klasse. Da

kann man sich ruhig schon auf seinen Platz begeben, wenn der heilige Lehrer den Raum betritt.«
»Seit wann sind Sie heilig, Herr Knabe?«, feixt Emma.
»Das verrate ich dir erst, wenn du mir verrätst, um welche Sportart es eben ging«, kontert Herr Knabe.
Emma macht einen Ausfallschritt und boxt mit ihren Händen gekonnt durch die Luft. Dann springt sie über einen Tisch und landet geschickt neben ihrem Stuhl.
»Wow!«, sagt Nils voller Bewunderung.
»Angeberin«, frotzelt Lennard. Doch Emma wirft ihm einen bitterbösen Blick zu und bringt ihn damit zum Schweigen.
»Emma! Du kannst Karate? Wahnsinn!«, ruft Herr Knabe begeistert. »Dann kannst du doch bestimmt ein gutes Wort bei deinem Sensai für uns einwerfen und ihn mal zu uns in den Sportunterricht einladen, oder?«
»Ich frage nach, Herr Knabe«, antwortet Emma, bevor sie sich auf ihren Stuhl setzt.
Auch die übrigen Schüler setzen sich auf ihre Plätze, damit der Unterricht beginnen kann.

***

»Tante Anna!« Mia Maibaum fliegt ihrer Tante um den Hals. Sie ist die Schwester ihres Papas und lebt mit ihrem Mann in Berlin. Sie kommen nur selten zu Besuch, weil sie immer so viel zu tun haben.
»Mia, meine Süße!« Tante Anna stellt einen Kinderautositz mit einem Baby auf den Boden und umarmt ihre Nichte. »Bist du groß geworden!«
Als Mia das Baby bemerkt, stutzt sie. »Seit wann hast du ein Baby?«
Bevor Tante Anna antworten kann, kommt Onkel Toni mit einem kleinen Mädchen, welches ihm am Hosenbein hängt. »Elsa, lass doch bitte mein Bein los!« Mias Onkel bückt sich und hebt das kleine Mädchen mit den langen

roten Locken vom Boden auf.
»Seit wann habt ihr Kinder?«, fragt Mia überrascht.
Mias Papa schiebt Mia von der Eingangstür weg. »Mia, lass doch unseren Besuch erst einmal eintreten.«
Mia tritt beiseite und beobachtet die beiden kleinen Kinder.
»Es tut mir leid, Tom, aber wir mussten die beiden mitbringen. Sie sind uns erst

gestern Abend gebracht worden. Wir wollten nicht schon wieder absagen, sonst sehen wir uns erst in zwanzig Jahren wieder«, sagt Tante Anna und Mia versteht nur Bahnhof.
Warum haben Tante Anna und Onkel Toni plötzlich Kinder? Und wieso werden die schon so fix und fertig gebracht? Von wem?
Vom Storch doch wohl kaum.
Mias Papa winkt ab und lotst alle ins Wohnzimmer. »Das ist doch kein Problem. Elsa kann mit Stella spielen.«
Während sich alle in die gemütliche Sofaecke setzen, wird Mia mit Stella, Elsa und dem Baby in die Spielecke geschoben.

»Warum darf ich nicht bei euch sitzen?«, will Mia wissen.
»Weil wir uns über Erwachsenenkram unterhalten wollen. Du Naseweis kannst mit Stella und Elsa spielen«, antwortet ihr Papa.
Mia rümpft die Nase.
Sophie stellt Schokolade und Gummibärchen auf den Tisch und reicht den Erwachsenen Kaffee.
»Lass gut sein, Tom! Mia, was willst du wissen?«, fragt Tante Anna.
»Das habe ich eben doch schon gefragt«, sagt Mia ungeduldig. »Wieso habt ihr plötzlich Kinder? Sind die nicht normalerweise kleiner, wenn sie geboren werden?«
Tante Anna nickt lächelnd. Dann klopft sie neben sich auf den freien Sofaplatz. »Komm her, meine Süße!«
Mia folgt der Aufforderung und kuschelt sich an ihre Tante. Tante Anna legt einen Arm um ihre Schultern. »Elsa und Madita sind nur kurz bei uns.«
Mia angelt sich ein paar Gummibärchen. »Warum? Sind ihre Eltern verreist?«
Tante Anna schüttelt den Kopf. »Nein. Sie sind für ein paar Monate im Gefängnis.«
Mia verschluckt sich fürchterlich an ihren Gummibären.
Ihr Papa verdreht die Augen. »Siehst du, Mia, das sind Gesprächsthemen für Erwachsene. Geh doch lieber spielen!«
»Ich finde, Mia ist alt genug, um die Wahrheit zu erfahren«, sagt Tante Anna entschieden.
Sophie nickt. »Das finde ich auch, Tom. Die Welt ist nun einmal nicht immer rosarot. Es gibt viele Menschen, die Probleme haben. Und manchmal haben eben genau diese Menschen Kinder.«
»Warum kommen Eltern ins Gefängnis?«, fragt Mia leise. Unauffällig schielt sie zu Elsa, aber die hat ein Buch entdeckt und ist abgelenkt.

»Auch Eltern können in Schwierigkeiten geraten«, antwortet Onkel Toni.
»Die Eltern dieser beiden süßen Mädchen sind zum zwanzigsten Mal beim Schwarzfahren erwischt worden. Und dieses Mal hat der Richter kein Auge mehr zugedrückt. Er hat sie verurteilt, für ein paar Monate ins Gefängnis zu gehen, um darüber nachzudenken, was richtig ist und was falsch«, sagt Tante Anna.
»Was ist ›*Schwarzfahren*‹?«, fragt Mia neugierig.
»Wenn man mit dem öffentlichen Bus oder der Bahn fahren will, muss man sich eine Fahrkarte kaufen«, erklärt Onkel Toni, »und wenn man mit Bus und Bahn fährt, ohne sich ein Ticket zu kaufen, fährt man ›*schwarz*‹.«
Mia nickt.
Das versteht sie.
»Das ist ja auch gemein, wenn keiner bezahlt«, wirft sie ein. »Die Busse müssen schließlich auch Benzin tanken und das kostet Geld.«
Tante Anna drückt Mia an sich. »Genau, mein Schatz! Wenn man sich herumfahren lässt, muss man das auch bezahlen.«

»Und warum sind Elsa und Madita jetzt bei euch?«, bohrt Mia weiter. Sie angelt sich ein Stückchen Schokolade, als es an der Terrassentür klopft.
Erschrocken fahren Tante Anna und Onkel Toni zusammen.
»Was ist das?«, ruft Tante Anna entsetzt.
Mia steht lachend auf und geht zur Terrassen-

tür. Sie öffnet sie und zieht das Tischtuch von ihrem Uhu und ihrem Pinguin herunter. »Fritz! Fridolin! Was macht ihr zwei schon wieder für einen Unsinn? Die Tischdecke soll doch auf dem Tisch bleiben.«
»Ihr habt nicht nur Pinguine, sondern auch einen zahmen Uhu?«, ruft Tante Anna überrascht.
Mia nickt grinsend. »Fritz ist genau über unserem Garten abgestürzt. Er hatte sich einen Flügel gebrochen.«
»Aber ihr hättet ihn doch auswildern können«, sagt Onkel Toni verwundert.
Mia schüttelt den Kopf. »Fritz war zu klein. Er hat nicht gelernt zu jagen. Es war schon schwierig, ihm das Fliegen beizubringen.«
»Genau. Und jetzt ist er ein weiteres, teures Familienmitglied«, sagt Mias Papa schmunzelnd.
Elsa ist ganz begeistert von dem Pinguin, aber Fridolin will von ihr nichts wissen und versteckt sich hinter Mia. Auch Fritz folgt seinem Freund.
Mia hockt sich hin und streichelt ihre beiden Tiere. »Fritz! Fridolin! Ihr müsst euch nicht verstecken. Das ist Elsa. Sie ist mit ihrer Schwester Madita zu Besuch.«
»Pingu«, ruft Elsa begeistert, aber das macht Fridolin nur noch mehr Angst.
»Mia, bring deine Tiere bitte nach draußen«, sagt Mias Papa.
Mia nickt und nimmt Fridolin auf den Arm. Sie geht zur Terrassentür. Fritz folgt ihr schuhuhend und breitet seine Flügel aus. Mittlerweile ist er jedoch so groß, dass er mit ausgestreckten Flügeln nicht mehr durch die nur wenig geöffnete Terrassentür passt.
Elsa fängt beim Anblick des großen Vogels an zu weinen. Das schreckt Madita auf und schon schreien zwei Kinder. Stella blickt verwundert zwischen den beiden Mädchen hin und her. Ihre Unterlippe fängt an zu zittern, dann kullern auch bei ihr die ersten Tränen.

Stöhnend erheben sich Mias Papa und Tante Anna, um die Kinder zu beruhigen, während Mia die Tiere in den Garten schafft.
Als sie wiederkommt, sitzen Elsa und Madita bei Tante Anna und Onkel Toni. Stella kaut auf Papas Schoß an einem Stück Schokolade herum.
»Wir sind eine Bereitschaftspflegefamilie«, erklärt Tante Anna, als sich Mia zu ihr setzt. »Wir nehmen Kinder für kurze Zeit bei uns zuhause auf, wenn ihre Eltern sich nicht um sie kümmern können.«
Mia denkt darüber nach. »Kommt das oft vor?«
Tante Anna nickt. »Ja. Es gibt leider viel zu wenig Menschen, die sich als Notfallfamilie zur Verfügung stellen. Die Kinder bleiben ja oft nur ein paar Wochen.«
»Aber was ist, wenn man die Kinder lieb gewinnt? Wie kann man sie dann wieder hergeben?«, platzt Mia heraus.
Ihr Papa grunzt. »Das ist genau das Problem.«
»Ja, das ist wirklich manchmal schwer. Toni und ich dürfen den Kindern nur ein Zuhause geben, aber wir müssen aufpassen, dass wir uns nicht in die Kleinen verlieben.«
Mia mustert ihre Tante. »Das finde ich unmenschlich. Sieh nur, wie süß Madita ist! Wie soll man da eiskalt bleiben?«
»Madita ist auch erst acht Monate alt. In dem Alter sind viele Kinder ganz besonders süß«, sagt Onkel Toni.
»Warum macht ihr das?«, fragt Mia. Verstohlen wischt sie sich eine Träne aus den Augenwinkeln.
»Wir können keine eigenen Kinder kriegen«, beginnt Tante Anna, wird aber von Mia unterbrochen. »Ihr könnt keine eigenen Kinder kriegen? Warum das denn nicht?«
»Manchmal funktioniert der Körper eben nicht so, wie man es gerne hätte«, sagt Tante Anna traurig. »Und darum haben wir uns entschieden, Kindern zu helfen, die in Not geraten sind.«

»Das verstehe ich«, sagt Mia. »Das ist wirklich sehr lieb von euch. Aber ich glaube, ich könnte das nicht.«
Tante Anna streichelt ihrer Nichte über den Kopf. »Es gibt nur wenige Menschen, die das können. Darum gibt es in Berlin auch mehr Kinder in Not als Bereitschaftspflegeeltern.«
»Fahren dort so viele Menschen schwarz?«, platzt Mia heraus.
Sophie und Tante Anna lachen leise.
»Aber nein, Mia«, sagt Sophie. Sie will noch etwas sagen, aber Tante Anna hebt die Hand. »Mia, meine Mia, du hast ganz viel Glück. Du hast großartige Eltern, die sich richtig toll um dich und Stella kümmern. Sie sind schlau, sie haben einen Job und ihr habt ein wunderschönes Zuhause. Aber es gibt leider auch viele Menschen, die in Schwierigkeiten geraten, die ihre Kinder schlagen oder die sich nicht einmal um sich selbst kümmern können.«
»Genau«, sagt Onkel Toni, »und diese Menschen können auch Eltern sein mit kleinen oder größeren Kindern. Damit es Kindern in unserem Land aber gut geht, hat der Staat eine Behörde geschaffen, die auf Familien und Kinder aufpasst oder hilft, wenn Hilfe gebraucht wird.«
Unsicher blickt Mia zwischen ihrem Onkel und ihrer Tante hin und her.
»Diese Behörde nennt man ›*Jugendamt*‹. Dort sitzen Menschen, die sich darum kümmern, dass Kinder, denen es in ihrem Zuhause schlecht geht, ein neues Zuhause bekommen«, erklärt Sophie.
Erschrocken reißt Mia die Augen auf. »Die Leute vom Jugendamt nehmen die Kinder einfach mit?«
Tante Anna seufzt. »Zunächst nicht, Mia. Sie besuchen die Familien und versuchen zu helfen. Aber wenn die Hilfe nicht ausreicht, dann nehmen sie die Kinder auch mit, ja.«
»Habt ihr schon oft Kinder bei euch gehabt?«

»Wir haben aufgehört zu zählen«, gesteht Onkel Toni. »Das macht es leichter für uns.«
Tante Anna zuckt mit den Schultern. »Wir hatten so etwa 152 Kinder bei uns«, sagt sie kaum hörbar.

Fassungslos blicken Mia und ihre Eltern Tante Anna an.
»So viele? Da muss einem ja das Herz brechen«, platzt Mia schließlich heraus. Sie starrt ihre Tante an, die gleich darauf in Tränen ausbricht.
Erschrocken tätschelt Mia ihre Schulter. »Tante Anna, wein doch nicht! Entschuldige bitte!«
Tante Anna schüttelt den Kopf. »Wir haben auch versucht, über einen längeren Zeitraum Pflegekinder zu bekommen, aber es hat nicht geklappt.«
»Warum hat es nicht geklappt?«, fragt Sophie.
»Die Eltern haben ihre Kinder wieder bei uns abgeholt. Sie haben sich umentschieden und alle Auflagen erfüllt, die das Jugendamt ihnen gestellt hat. Sie durften ihre Kinder wieder zu sich nehmen.«
»Was sind das für Auflagen?«, will Mias Papa wissen.
»Das ist ganz unterschiedlich«, beginnt Tante Anna zu erklären. Sie nimmt ein Taschentuch und schnaubt sich die Nase. »Manchmal müssen die Eltern sich nur einen Job suchen oder ein festes Zuhause vorweisen.«
Mia steht auf. »Ich würde gerne in mein Zimmer gehen.«
Mias Papa nickt. »Natürlich, mein Schatz.«

Mia versucht, ihre Tante anzulächeln, doch ihre Lippen wollen nicht so richtig gehorchen.

Es ist ein komisches Gefühl zu wissen, dass ihre Tante wildfremde Kinder bei sich aufnimmt und sie nicht einmal lieb haben darf.

»Ich glaube, Mia hat erst einmal eine ganze Menge Stoff zu verdauen«, hört sie ihren Papa sagen, als sie das Wohnzimmer verlässt.

# Die fremde Frau

»Schön, dass ihr da seid!«, begrüßt Emma ihre beiden Freundinnen Mia und Amelie.
Mia reicht Emma eine Schachtel mit Muffins. »Ist doch selbstverständlich, dass wir dir bei der Planung deiner Geburtstagsparty helfen.«
Emma linst in die Schachtel. »Schoko-Muffins. Lecker!«
Amelie lacht. »Wir wussten doch, dass du ganz wild nach den Dingern bist. Darum haben wir drei Stück beim Bäcker geholt.«
»Das ist eine hervorragende Idee. Mir graut schon davor, dieses blöde Referat über Pflanzen zu halten«, sagt Emma zähneknirschend.
»Haben meine tauben Ohren da Pflanzen gehört?«, ertönt eine Frauenstimme aus der Küche.
Ein Kopf taucht auf. »Hallo Kinder!«
Mia begrüßt Emmas Großmutter. »Guten Tag, Frau Rosenstein!«
»Oh, ich heiße gar nicht ›Rosenstein‹. Meine Tochter hat einen Emil Rosenstein geheiratet. Ich heiße Kassiopeia Mehrzahl. Aber nennt mich doch einfach ›Oma Kassy‹. Ich komme mir sonst so alt vor.« Vergnügt zwinkert die alte Damen den Mädchen zu.
»Sie heißen ernsthaft ›Mehrzahl‹ mit Nachnamen?«, fragt Amelie überrascht.

»Ja, aber Oma hieß als Mädchen leider nicht ›*Einzahl*‹, sonst wäre das ein cooler Doppelname geworden«, witzelt Emma kichernd.

Oma Kassy nickt grinsend. »Stimmt, du freche Rübe! Mein Mann Erwin hieß wirklich ›*Mehrzahl*‹, Amelie.«

»Oma, wenn wir dich ›*Oma Kassy*‹ nennen sollen, klingt das doch auch alt, oder?«, widerspricht Emma.

»Papperlapapp«, winkt Oma Kassy ab. »So, und nun verduftet mal nach oben, bevor mein Schwiegersohn euch zur Gartenarbeit einspannt.«

»Wir müssen etwas für die Schule vorbereiten, Oma. Wir können Papa nicht in der Baumschule helfen. Außerdem müssen wir noch meinen Geburtstag planen.« Emma lotst ihre Freundinnen zur Treppe.

»Geburtstage planen ist phantastisch. Ich bin dabei!«, lacht Oma Kassy.

»Ah, wie ich sehe, hast du Verstärkung mitgebracht!« Emil Rosenstein zwinkert seiner Tochter zu. »Dann lauft lieber schnell in Sicherheit, bevor…«

»…Finnja uns zur Gartenarbeit einteilt?«, beendet Emma seinen Satz fast schon genervt.

Ihr Vater hebt beide Hände. »Ich wollte nur behilflich sein. Nicht, dass ihr euch hinterher beschwert, weil ihr hier arbeiten musstet.«

»Arbeit?« Eine Frau erscheint im Türrahmen. »Wie ich sehe, haben wir heute fleißige Helfer! Das freut mich aber.«

»Finnja!«, empört sich Emma. »Wir haben keine Zeit, euch in der Baumschule zu helfen.«

Die Baumschulpartnerin ihres Vaters winkt ab und lacht. »Ich wollte dich nur ärgern, meine Süße! Ich weiß doch, dass ihr etwas für die Schule vorbereiten müsst.« Dann wendet sie sich an Emmas Papa und wirft ihm ein Handtuch an den Kopf. »Und du, mein Lieber, stellst mich nicht wie einen Drachen hin, der jeden zur Arbeit verdonnert, der hier auftaucht.«

Emil Rosenstein duckt sich und läuft lachend davon. »Die Rosen rufen. Ich bin dann mal weg!«

Grinsend gehen die Mädchen die Treppe hinauf in Emmas Zimmer.

»Finnja und dein Papa sind wirklich süß miteinander. Sind sie auch privat ein Paar?«, fragt Mia.

Emma nickt stolz. »Ja, das finde ich auch. Sie arbeiten schon lange zusammen, aber verliebt haben sie sich erst im letzten Jahr. Ich freue mich für meinen Papa. Er war sehr einsam und traurig, als Mama vor drei Jahren starb.«

»Meine Mütter sind eigentlich auch schwer verliebt ineinander«, sagt Amelie seufzend.

»Was heißt denn hier ›eigentlich‹?«, hakt Mia nach und wirft ihre Schultasche versehentlich etwas zu schwungvoll gegen die Heizung.

Amelie setzt sich auf das kleine Sofa neben dem Fenster. »Sie haben momentan so viele Aufträge mit ihrer Kunstgalerie, dass sie kaum noch Zeit füreinander haben. Sie geben sich täglich die Klinke die Hand, weil immer einer von beiden bei uns ist.«

»Dann organisiere doch ein Wochenende zu zweit. Ich habe da neulich eine Werbung gesehen. ›*Hotel Ruhepol*‹ oder so ähnlich hieß die Anlage, wo sich Verliebte vom Alltag erholen können«, schlägt Mia vor. Sie pflanzt sich neben ihre Freundin aufs Sofa und stellt die Schachtel mit dem Kuchen auf den kleinen Beistelltisch. »Du kommst dann das Wochenende zu uns. Und Nils geht einfach zu Lucas.«

»Super Idee! Aber wartet! Ich habe die Getränke vergessen«, ruft Emma und läuft aus dem Zimmer.

»Brauchst du Hilfe?«, ruft Amelie hinterher, doch Emma ist schon verschwunden.

Kurz darauf taucht sie mit einem Tablett auf, auf dem ein paar Teetassen stehen sowie eine Teekanne. »Ich hatte doch extra Tee gekocht für uns.«

»Gute Idee! Obwohl wir August haben, ist es seit Tagen richtig kalt«, beschwert sich Mia.

Emma schenkt ihren Freundinnen etwas Roiboostee ein und setzt sich auf einen Hocker. »Ich würde meinen Geburtstag übernächste Woche trotzdem gerne feiern. Ich dachte mir, wir machen eine Motto-Party.«

»Was für eine Motto-Party?«, fragt Mia neugierig.

Amelie lächelt. »In Berlin sind Nils und ich mit unserem Vater mal auf einer Motto-Party gewesen. Das war cool.«

»Was war denn das Motto?«, will Emma wissen und angelt sich einen Muffin aus der Schachtel.

»Regenbogen«, sagt Amelie fast ein wenig schüchtern.

»Cooles Thema«, sagt Mia.

»Genau. Nix, wofür du dich schämen müsstest. Bunt ist toll«, sagt Emma.

»Du könntest auch eine Pippi-Langstrumpf-Party machen«, schlägt Mia vor.

»Das ist eine tolle Idee«, sagt Emma begeistert. Vorsichtig schenkt sie ihren Freundinnen Tee ein, als es an der Tür klopft.

»Ja, bitte?«, ruft Emma.

Oma Kassys Kopf taucht auf. »Mädels, ich bin wirklich langsam tüddelig. Ich wollte euch doch bei eurem Pflanzenreferat helfen. Außerdem bin ich ganz wild darauf, eure Party mit zu planen.«

Emma lächelt. »Du musst uns nicht helfen, Oma. Ruh dich lieber aus!«

Oma Kassy verdreht die Augen. »Meine liebe Emma, ausruhen kann ich mich, wenn ich tot bin. Ich habe eh schon nix zu tun. Gebt mir Arbeit!«
Mia schluckt. So viel Direktheit ist sie selbst von ihrem Opa nicht gewohnt.
»Oma, Oma, du bist unmöglich! Sieh nur, wie du unsere Gäste verschreckst!« Emma schnalzt mit der Zunge.
Oma Kassy setzt sich ächzend auf den Fußboden. »Entschuldigt, Mädels, wenn man in ein bestimmtes Alter kommt, dann versucht man Witze über den Tod zu reißen. Vielleicht, um die Angst zu überspielen, die man davor hat.«
»Ich hätte Angst«, sagt Mia.
Oma Kassy tätschelt ihre Hand. »Das verstehe ich, Mia. Du bist ja auch noch blutjung und hast hoffentlich noch ein langes Leben vor dir.«
»Ich habe keine Angst«, sagt Emma. Sie positioniert sich im Schneidersitz und holt die Unterlagen für das Referat aus ihrem Schulranzen.
»Echt nicht?«, will Amelie wissen. »Ich schon. Mir hat es schon gereicht, dass Frau Cordes im letzten Schuljahr gestorben ist.«
»Das war auch sehr erschreckend«, gibt Oma Kassy zu. »Aber nun wollen wir uns eurem Referat widmen, schließlich geht es da drin nicht ums Sterben, oder?«
»Nein«, sagt Emma lächelnd. »Photosynthese.«
»Oder wie unsere Pflanzen atmen und essen«, feixt Amelie.

***

»Mama, hast du meine Schuhe gesehen?«, ruft Mia quer durchs Haus.
Sophie lacht laut auf.

Neugierig geht Mia ins Wohnzimmer.
Sophie steht am Fenster und zeigt nach draußen. »Meinst du etwa deine lila Glitzerschuhe? Ich glaube, die hängen im Baum.«
»Im Baum?« Mia flitzt zur Terrassentür und öffnet sie. »Wie kommen die denn da oben hin?«
Glucksend folgt Sophie ihr in den Garten.
Fritz, der kleine Uhu, der gar nicht mehr so klein ist, flattert vom Baum und fliegt Mia direkt in die Arme. »Fritz, du kleiner Racker! Hast du etwa meine Schuhe da oben aufgehängt?«, ruft Mia prustend.
Fritz antwortet mit einem kräftigen ›*Schuhuhu*‹.
Mia streichelt dem Uhu über den Kopf. »Du bist noch verrückter als Fridolin. Wo steckt dein Freund überhaupt?« Sie setzt den mittlerweile recht schweren Eulerich ab und schaut sich suchend um. »Fridolin, wo steckst du?«
Der Pinguin trötet leise aus seiner Höhle heraus.
»Wieso versteckt sich dein Freund? Habt ihr gestritten?«, fragt Mia den Uhu.

Fritz hüpft zu seinem Eulenhaus. Das hatte Mias Papa mittlerweile schon vergrößern müssen, denn aus dem kleinen Uhu war ein großer Uhu geworden mit einer Flügelspannweite von fast zwei Metern. Er stupst die Tür auf und holt seinen kleinen Ball heraus, um ihn gleich darauf über den Rasen zu kullern.

»Fridolin, dein Typ wird verlangt! Komm raus und spiel mit Fritz«, ruft Mia. »Und wie komme ich jetzt an meine Schuhe heran?«

»Wenn dein Vater nach Hause kommt, soll er sie mit der Leiter holen«, sagt Sophie noch immer schmunzelnd.

»Ist die Rede etwa von dem schönsten Mann der Welt? Haben meine Damen mich gerufen? Hier bin ich. Superman eilt zur Hilfe!« Grinsend steht Mias Vater im Garten und spielt den starken Helden.

»Papa, du bist schon zuhause?«

»Wir sind schon zuhause«, sagt Mias Papa und deutet auf den Kindersitz an seinem Fahrrad. »Ich habe Stella gleich vom Kindergarten abgeholt. Ich dachte mir, wir machen es uns heute gemütlich, wo doch endlich mal wieder die Sonne scheint.«

»Das klingt toll. Aber vielleicht könntest du vorher noch meine Schuhe vom Baum holen?«, fragt Mia hoffnungsvoll.

Mias Papa schnallt Stella ab und stellt sie auf den Rasen. »Ich gebe dir eine Leiter, mein Schatz, und werde in der Zeit, wo du deine Schuhe rettest, den Kuchen herausholen.«

Sophie schüttelt den Kopf. »Das kommt nicht in Frage, Tom! Mia wird den Kuchen holen und du kletterst auf den Baum.«

»Wieso ich?«, beschwert sich Mias Papa.

Sophie stemmt die Hände in die Hüften. »Du bist besser versichert.«

Mias Papa plumpst lachend ins Gras. »Aha, da ist der Hase begraben! Du willst an meine Lebensversicherung ran.«

Sophie wirft sich auf ihn und erstickt jeden weiteren Protest mit einem Kuss.

Mia schüttelt den Kopf und Stella hebt einen Finger, um ihn gegen ihre Stirn zu tippen. »Piep-piep«, kommt aus ihrem kleinen Mund.

»Piep-piep? Unsere Tochter wird aufmüpfig, Sophie«, sagt Tom Maibaum lachend. Er springt auf und stellt eine Leiter an den Baum.

»Papa, wofür ist eine Lebensversicherung da? Versichern die dein Leben?«, will Mia wissen.

Mias Papa nickt. »Ja, so in etwa. Erwachsene sichern sich gerne ab, weißt du. Wenn ich durch einen Unfall sterbe, dann bekommt ihr als Familie viel Geld.«

»Warum macht man das?«

»Nun, ich verdiene den Löwenanteil für unser Familieneinkommen. Wenn ich wegfalle, muss ja jemand unser Haus weiter abbezahlen. Das ist mit dem Geld der Versicherung abgesichert«, antwortet Mias Papa. Vorsichtig betritt er die Leiter. »Jetzt habe ich so viel von Unfall, Tod und Versicherungen geredet, dass mir schon ganz schwindelig ist.«

Mia lächelt. »Papa, lass mich mal!« Sie drängt ihn beiseite und klettert geschwind auf die Leiter. Dort angelt sie nach ihren Schuhen und bemerkt Lucas auf der anderen Straßenseite.

Sie hebt einen Arm und winkt ihrem Schulfreund zu, doch der reagiert überhaupt nicht.

Mia kneift die Augen zusammen und blinzelt gegen die Sonne an.
Mit wem geht Lucas denn da spazieren?

Die Frau hat Mia noch nie gesehen.
»Ist alles okay mit dir, Mia?«, fragt Mias Papa. Er folgt dem Blick seiner Tochter und bemerkt Lucas. »Ist das nicht dein Schulfreund?«
Mia nickt. »Ja, aber die Frau kenne ich nicht.«
»Ich auch nicht«, sagt Mias Papa. »Glaube ich. Oder kenne ich sie doch?« Er schüttelt den Kopf. »Ich brauche dringend ein Stück Kuchen.«

Stella drängelt sich an ihm vorbei und will auf die Leiter klettern, doch ihr Papa hält sie davon ab.

»Mia, komm bitte von der Leiter runter, bevor deine Schwester noch auf den Baum klettert!«

Mia steigt die Leiter wieder herunter und geht mit ihren Schuhen zum Gartenzaun.

»Komisch, dass Lucas mit einer fremden Frau mitgeht«, sagt sie nachdenklich.

»Vielleicht ist die Frau nicht fremd«, reißt Sophie Mia aus ihren Gedanken.

Mia zuckt mit den Schultern. »Möglich. Immerhin ist er mit zwölf Jahren alt genug, um zu wissen, dass man nicht mit Fremden mitgeht.«

»Ich hoffe, das weißt du auch«, ruft ihr Papa einmal quer durch den Garten.

Mia verzieht das Gesicht. »Papa, ich bin doch kein Baby mehr. Natürlich weiß ich das.«

»Und was ist, wenn der Mann dir ein tolles Handy verspricht? Oder eine ganze Einhornsammlung?«

Schnaufend stellt Tom Maibaum die Leiter wieder in den kleinen Gartenschuppen.

Stella holt unterdessen ihr Einhorn aus ihrem Kindergartenrucksack.

»Ich habe ein Handy, Papa. Und eine Einhornsammlung brauche ich nicht«, antwortet Mia voller Entrüstung.

Mias Papa wackelt mit dem Zeigefinger. »Das sagst du jetzt. Aber warte erst, bis dir jemand das Blaue vom Regenbogen verspricht…«

»Papa, du machst dir zu viele Sorgen! Ich kann schon ganz gut auf mich aufpassen. Immerhin gehe ich in die

sechste Klasse. Da geht man nicht mehr mit Fremden mit.«
Mias Papa zeigt auf Lucas, den sie nur noch von hinten sehen. »Na, hoffentlich weiß das auch dein Schulfreund.«
Das hofft Mia auch und blickt sorgenvoll die Straße hinunter.

# Geheimnisse

»Und Lucas ist mit der fremden Frau einfach so mitgegangen?«, wundert sich Emma kopfschüttelnd.
Mia nickt. »Ja. Das hat mich auch gewundert.«
»Wo bleibt eigentlich Herr Knabe?«, mischt sich Amelie ein. »Hallo Mädels! Was habe ich verpasst?«
»Mia hat Lucas gestern gesehen. Mit einer fremden Frau«, berichtet Emma und wackelt vielsagend mit den Augenbrauen.
»Echt? Nur gut, dass er dann heil im Klassenzimmer sitzt«, entgegnet Amelie nachdenklich.
»Wo drückt der Schuh?«, fragt Nils und wirft seine neue Ledertasche auf den Tisch.
»Oha, eiferst du Herrn Knabe nach?«, platzt Emma lachend heraus.
Nils streicht stolz über seine Tasche. »Ich habe geholfen, sie zu nähen.«
»Ernsthaft? Cool!« Ehrfürchtig begutachtet Emma die Tasche. »Du bist ein Held der Nadeln und Fäden! Bringst du mir das Nähen auch bei?«
Nils grinst. »Ja, das bin ich. Meine Mom hat einen Ledernähkurs mitgemacht und sich gleich eine spezielle Nähmaschine angeschafft. Sie ist voller Tatendrang und will Kunst selbst erschaffen. Ich werde dir das Nähen zeigen. Es ist kinderleicht.«
»Ab jetzt hat Mama überhaupt keine Zeit mehr«, grunzt Amelie und verdreht die Augen.
»Also, Mädels, warum schaut ihr so mitleidsvoll zu Lucas?«, beharrt Nils.

Emma beugt sich zu ihm rüber. »Mia hat ihn mit einer fremden Frau gesehen.«

Nils macht ein überraschtes Gesicht. »War sie jung? Und hübsch?« Er gluckst leise. »Hey, Lucas, hast du eine neue Freundin?«

Lucas dreht sich um. Stirnrunzelnd schüttelt er den Kopf. »Nee, wie kommst du denn auf so einen Blödsinn?«

»Du wurdest gesehen. Mit einer Frau«, entgegnet Nils verschmitzt.

Lucas errötet. Er zieht sich den Kragen seiner Jacke höher und stammelt irgendetwas vor sich hin. Dann dreht er sich weg.

»Habt ihr das verstanden?«, fragt Nils und rubbelt sich im Ohr herum.

»Nein, das war leise und undeutlich genug«, kontert Emma.

»Was hat er?«, fragt Amelie leise.

Mia zuckt mit den Schultern. »Keine Ahnung. Aber ganz offensichtlich ist ihm das Geheimnis peinlich.«

»Geheimnisse sind dazu da, gelüftet zu werden«, platzt Emma heraus. »Wer ist mit dabei?« Sie legt ihre Hand auf den Tisch.

Amelie und Mia legen ihre Hand oben drauf. »Wir!«

»Was habt ihr denn jetzt schon wieder für einen Geheimbund?«, ruft Lennard bei ihrem Anblick.

»Wir klären deine tiefsten Geheimnisse auf«, sagt Emma grinsend.

Lennard rümpft die Nase. Bevor er jedoch antworten kann, taucht Michael abgehetzt auf. Er schwitzt und ist hochrot.

Mia schaut auf die Uhr. Es ist eine Minute vor acht.

»Ah, da ist ja unser Schwabbelchen! Na, Fettsack, wie war dein Wochenende?«, ruft Lennard.

Boris und Hannes fühlen sich wie durch einen Lockruf angelockt. Sie eilen herbei und umkreisen Michael.
Boris schnüffelt auffällig. »Ich rieche was!«
»Salami- oder Leberwurstbrote?«, hakt Hannes nach.
»Nee, eher Schweiß…«
»Angstschweiß?«, witzelt Lennard. Er hält seine Nase auch in die Höhe.
Die Unterhaltung ist Michael sichtlich unangenehm. Starr blickt er auf die Tischplatte.
Lennard, der auf der Fensterbank neben dem Tisch sitzt, stößt ihm leicht mit dem Fuß in die Rippen. »Kannst du nicht mehr antworten, Fettklops? Oder hast du vor lauter Fett keine Kraft mehr, den Mund zu öffnen?«
»Das muss er doch«, wirft Hannes ein, »oder wie soll er Mamis Wurstbrote essen?«
»Dann sind seine Stimmbänder im Hals bestimmt schon ganz verklebt vor lauter Fett«, mutmaßt Boris. Er röchelt und fällt fast vom Stuhl.
»Lasst ihn in Ruhe!«, ruft Emma quer durch die Klasse.
»Misch dich nicht ein, Pippi«, ruft Lennard zurück.
»Sag nix gegen Emma«, sagt Nils verärgert. Er räuspert sich und stemmt beide Hände in die Hüften.
»Verteidigst du deine Freundin, Rotschopf? Ich dachte, Wikinger brauchen keine starken Frauen«, erwidert Lennard.
Emma schneidet eine Grimasse. »Gerade Wikinger brauchten starke Frauen an ihrer Seite. Und niederträchtige Typen wie dich haben sie zum Frühstück verspeist«, ruft Emma.
»Kinder, was ist hier los?« Unsicher blickt Herr Knabe von einem zum anderen. »Gibt es Streit? Ärger? Müssen wir die Stunde auf den Sportplatz verlegen?«

»Die einzigen, die etwas Ausdauersport vertragen könnten, sind Lennard, Boris und Hannes«, sagt Emma wütend. Sie schiebt ihren Stuhl zurecht und lässt sich darauf fallen.

Lennard hebt eine Augenbraue. »Was? Du spinnst wohl! Der einzige, der mal ein paar Runden drehen sollte, ist unser Wurstfresser.«

»Lennard! Setzen!« Herr Knabe ist erschrocken über den Tonfall, der in der Klasse herrscht. »Ich habe erst gestern beim Lehrerkollegium damit geprahlt, was ich für eine tolle Klasse habe. Aber da habe ich mich wohl getäuscht.« Der Lehrer wischt sich übers Gesicht. Schweigend gleitet er auf seinen Stuhl. Das ist sehr untypisch für ihn, denn normalerweise findet man den Sport- und Deutschlehrer eher auf dem Lehrerpult als auf einem Stuhl.

»Sind Sie krank?«, fragt Lucas leise.

Herr Knabe blickt auf. »Wieso?«

»Sie sitzen auf einem Stuhl«, erwidert Lucas und lächelt schüchtern.

Herr Knabe lächelt zurück. »Nein. Ich bin kerngesund. Aber etwas verblüfft von den Gesprächsfetzen, die ich eben mitgekriegt habe. Ich dachte, hier herrschen Harmonie und Frieden im Klassenzimmer.«

»Dafür hätte der Dicke auf der Klassenfahrt abnibbeln müssen«, sagt Lennard leise zu Hannes, aber nicht leise genug.

Wie von einer Tarantel gestochen springt Herr Knabe auf und ist mit einem Satz beim Fenster. »Was hast du eben gesagt?«

Lennard weicht angsterfüllt zurück. Seine Gesichtsfarbe konkurriert gleich mit der von Michael.

Bedrohlich beugt sich Herr Knabe vor. »So etwas will ich nie wieder von dir hören, Lennard!«

So haben ihn die Kinder noch nie erlebt.
»Ich glaube, Herr Knabe ist doch krank«, wispert Lucas entgeistert.
Langsam richtet sich der Klassenlehrer wieder auf. Er öffnet das Fenster und atmet dreimal tief durch. Dann schließt er das Fenster wieder und geht zum Pult.
»In diesem Klassenzimmer dulde ich keine boshaften Kommentare. Jeder, der sich vom heutigen Tage an verbal oder körperlich an einem Mitschüler vergreift, bekommt eine saftige Strafarbeit…«
Lennard ist im Begriff, den Mund zu öffnen, doch Herr Knabe kommt ihm zuvor. »Und ich möchte jetzt keine dumme Bemerkung aus der Fensterecke hören. Danke, Lennard!« Er öffnet seine Ledertasche und holt das Deutschbuch heraus. »Schlagt bitte Seite zwanzig auf. Mia, du liest bitte vor!«

***

»Wir ignorieren Lennard und seine bescheuerte Bande einfach«, schlägt Mia vor. Sie läuft mit ihren Rollschuhen die ersten Schritte auf dem frisch gefegten Asphalt.
Amelie stolpert ihr recht unsicher hinterher.
»Die Idee finde ich gut. Und am besten sagen wir das allen Mädchen weiter, damit niemand mehr mit den Dreien spricht«, wirft Amelie ein.
»Hey, wo wollt ihr zwei denn hin?«, ruft ihnen Linda entgegen.
Mia winkt. »Zum Sportplatz. Der Gummibelag eignet sich hervorragend zum Rollschuhlaufen.«
»Tolle Idee. Ich hole meine Inline-Skates«, antwortet Linda. »Ich komme gleich nach und bringe Emma mit.«
Mia hebt den Daumen und fährt weiter.

Am Sportplatz kommen ihnen Lennard, Boris und Hannes entgegen.

»Mia, ich wusste ja gar nicht, dass du so sportlich bist«, ruft Lennard und grinst schief.

Mia zieht die Augenbrauen hoch und tut so, als sei er Luft. Aus den Augenwinkeln sieht sie die Fußballmannschaft trainieren. Thomas ist auch dabei. Bewundernd bleibt sie kurz stehen und beobachtet ihn.

»Die redet wohl nicht mit uns, was?«, bemerkt Boris pikiert.

Lennard zuckt mit den Schultern. »Vielleicht fliegt sie hin, sobald sie den Mund aufmacht?«

»Amelie, hast du das merkwürdige Husten gehört? Ich glaube, auf dem Sportplatz sind Kakerlaken«, sagt Mia reichlich laut.

»Sie kann ja doch sprechen«, sagt Hannes und zieht eine Grimasse.

Amelie nickt. »Vielleicht sind das auch Stinkwanzen.«

Lennard zeigt auf sich. »Redet ihr etwa von uns? Den coolsten Jungs der ganzen Schule?«

»Komm, Amelie, wir fahren weiter! Hier stinkt es entsetzlich nach Fliegen, die auf einem Hundehaufen gesessen haben«, sagt Mia naserümpfend.

»Du hast Recht, ich rieche das auch. Vielleicht sind das auch stinkende Mücken, die gerne piesacken.« Mit hoch erhobenen Köpfen fahren die Freundinnen an den Jungs vorbei, die ihnen wie begossene Pudel hinterherschauen.

»Die reden wirklich über uns«, sagt Lennard perplex.

»Die tun so, als wären wir Luft.«

»Kommt, hauen wir ab!«, sagt Hannes und läuft weg.

Die anderen beiden folgen ihm.

Erschöpft lässt sich Mia auf der Bank am Sportplatz fallen. »Die sind wir los!«

»Zum Glück«, erwidert Amelie lachend.

Im selben Augenblick kommt Michael angelaufen. Mit hochrotem Kopf lässt er sich neben Mia auf die Bank fallen.

»Michael, du gehst joggen?«, fragt Mia verwundert.

Michael nickt. Er ist so außer Atem, dass er zunächst gar nicht antworten kann.

»Ich glaube, er braucht noch ein Weilchen, bis er reden kann«, bemerkt Amelie.

»Ich - versuche - abzunehmen«, japst Michael schließlich. Mia lächelt mitleidsvoll. »Und? Klappt es?«

Michael schüttelt den Kopf. »Ich laufe und laufe und laufe. Aber - ich nehme - einfach - nicht ab.«

»Vielleicht musst du weniger essen«, mutmaßt Amelie.

»Das - versuche - ich - auch. Aber - ich - nehme - trotzdem - nicht - ab.«

»Wie lange bist du gelaufen, dass du noch immer außer Atem bist? Eine Stunde?«, hakt Mia grinsend nach.

Michael zuckt mit den Schultern. »Etwa zehn Minuten.«

»Oh.«

»Vielleicht bist du krank«, sagt Amelie.

Michael schnauft. »Das hat meine Mutter auch gesagt. Wir waren sogar schon beim Arzt.«

»Und was sagt der?«, fragt Mia neugierig.

»Nun, meine Schilddrüse ist in Ordnung«, beginnt Michael, wird aber von Emma und Linda unterbrochen.

»Hallo Leute, hier sind wir!«, ruft Linda.

»Wir haben die ganze Gummibahn für uns«, schreit Emma über den ganzen Platz. Sie breitet ihre Arme aus und läuft gleich die erste Runde.

»Das sieht cool aus«, sagt Michael bewundernd.

»Rollschuhlaufen ist auch cool«, stimmt Mia ihm zu.

»Und bestimmt angenehmer als Joggen.«

»Genau. Probiere doch mal das Rollschuhlaufen, Michael«, wirft Amelie ein, bevor sie Gas gibt und Emma auf den Gummiplatz folgt. Auch Mia und Linda drehen ihre erste Runde. Zwischendurch blickt Mia verstohlen zu den Fußballern. Auch Thomas hat sie bemerkt und lächelt sie kurz an.
Nach fünf Minuten hält Emma an der Bank an. »Willst du auch mal probieren?«
Schnell schüttelt Michael den Kopf. »Nein, lieber nicht. Ich bin einfach zu ungeschickt.«
Emma lässt sich neben ihm auf die Bank fallen.

»Geht es dir gut? Du siehst etwas fertig aus. Du solltest wirklich weniger essen und endlich die Wurst weglassen.«
Michael guckt in die weite Ferne, während er auf seinen Fingernägeln herumkaut. »Ich habe oft Kopfschmerzen und bin ganz schön aufgeregt, wenn ich zur Schule muss. Wenn ich nicht esse, wird mir schlecht. Und wenn mir schlecht wird, kann ich nicht mehr aufpassen, was die Lehrer sagen.«
»Das klingt ja fast so, als wenn du krank wärest«, bemerkt Emma überrascht.
Michael zuckt mit den Schultern. »Kann sein.«
»Mein Papa hat mal gesagt, dass Menschen, die zu viel essen, nachts schlecht schlafen können«, sagt Emma.
Michael lässt seine Fingernägel in Ruhe und schaut Emma eindringlich an. »Wenn ich nichts esse, kann ich auch nicht schlafen.«
»Vielleicht brauchst du einen Diätplan?« Emma lächelt aufmunternd, aber Michael seufzt nur. »Ich brauche eher ein neues Leben. Ich wäre auch gerne schlank, sportlich und schlagfertig wie du. Aber stattdessen bin ich dick und hässlich und weiß nie, was ich sagen soll, wenn Lennard und Co. so gemein zu mir sind. Ich glaube, schöne Menschen schlafen besser.«
Nachdenklich bohrt Emma mit ihrem Rollschuh ein Loch in den Sand. »Glaubst du wirklich?«
»Ja. Ich kann abends nicht einschlafen und morgens bin ich oft so müde, dass ich kaum aus dem Bett komme. Es ist, als ob ich auch nachts joggen gehe«, sagt Michael.
»Das kenne ich.«
»Wirklich?« Überrascht mustert Michael seine Klassenkameradin.
»Echt! Mich haben die anderen früher oft wegen meiner Pippi-Langstrumpf-Frisur geärgert. Ich bin auch schon

bedroht oder ausgelacht worden«, erzählt Emma. Plötzlich fällt ihr auf, dass Michaels Jacke kaputt ist. »Warum ist deine Jacke eigentlich kaputt? Willst du die nicht mal nähen lassen von deiner Mutter?«
»Meine Mutter kann nicht nähen. Und die Jacke ist erst eben kaputtgegangen«, antwortet Michael.
»Beim Joggen?« Argwöhnisch hebt Emma die Augenbrauen.
Michael druckst herum. »Hatte halt eine schlechte Begegnung.«
Mia kommt angefahren. »Hey, ihr zwei! Was blast ihr für Trübsal? Komm, Emma, wir laufen noch ein paar Runden.«
Emma erhebt sich. »Es geht mir erst besser, seitdem ich so tolle Freunde wie Mia und Amelie habe.«
Michael blickt zu ihr auf. »Ich habe keine Freunde.«
»Dann musst du das ändern«, sagt Emma lächelnd und flitzt los.
Nachdenklich schaut Michael ihr hinterher.

# Mobbing ist kein Kinderspiel

»Seit wann gehst du hier entlang zur Schule?«, fragt Mia ihren Klassenkameraden. »Warum trägst du nur einen Schuh? Ist das neueste Mode? Und wo ist überhaupt dein Schulranzen?«
Michael zuckt erschreckt zurück. »Lass mich in Ruhe! Könnt ihr mich nicht einfach alle mal in Ruhe lassen? Das geht dich alles überhaupt nichts an. Ich hasse dich. Ich hasse die Schule und ich hasse überhaupt alles.«
Mit einem Satz ist Michael über den Zaun gesprungen. Er rennt durch das Grundstück der Sanders und ist verschwunden.
»Guten Morgen«, ertönen die Stimmen der Sanders-Zwillinge freundlich.
»Morgen«, sagt Mia nur. Vollkommen überrumpelt blickt sie Michael hinterher.
»War das Michael?«, fragt Nils verwundert.
Mia nickt.
»Was wollte er hier? Er wohnt doch auf der anderen Seite von Bärenklau!« Staunend blickt Nils Michael nach.
»Habt ihr was vergessen, Kinder?«, fragt Celia Sanders.

Gemeinsam mit ihrer Frau macht sie sich auf den Weg in ihre Kunstgalerie am Marktplatz.

»Ihr seht aus, als wenn ihr gerade ein Gespenst gesehen hättet«, bemerkt Sabine Sanders und wirft ihre langen, braunen Haare zurück.

Mia runzelt die Stirn. »Das nicht, aber Michael.«

»Er geht in unsere Klasse«, erklärt Nils seinen Müttern.

»Und was ist so besonders daran, ihn auf dem Schulweg zu sehen?«, hakt Celia Sanders nach.

»Er wohnt auf der anderen Seite des Ortes, Mama«, antwortet Amelie. »Das ist nicht sein Schulweg.«

»Seine Jacke war ganz zerrissen. Und er trug nur noch einen Schuh«, fügt Mia hinzu.

Die beiden Mütter der Zwillinge werfen sich einen komischen Blick zu. Dann geht Celia zu Amelie und legt ihr einen Arm um die Schultern. »Was ist hier los?«

Amelie zuckt mit den Schultern. »Ich weiß es nicht.«

Auch Nils spielt den Unschuldigen.

»Kinder, Mobbing ist kein Kinderspiel. Heraus mit der Sprache! Was ist passiert?«, fragt Celia Sanders reichlich ungehalten.

Mia schluckt. Dann nimmt sie all ihren Mut zusammen. »Michael ist der dickste Junge in unserer Klasse. Er wird deshalb oft von Lennard und seiner Bande geärgert…«

»Bande?«, unterbricht Sabine Sanders sie.

»Hier in diesem kleinen, gemütlichen Bärenklau gibt es eine ›Bande‹?«, will nun auch Celia Sanders wissen.

Die drei Freunde nicken betreten.

»Mann, Mann, Mann! So etwas müsst ihr uns erzählen«, wirft Celia Sanders nun ihren Zwillingen vor. »Was meint ihr, weshalb Michael plötzlich hier entlang zur Schule geht und seine Jacke kaputt ist?«

»Und sein Schuh weg ist«, ergänzt Sabine Sanders.

»Vermutlich stecken Lennard, Boris und Hannes dahinter«, antwortet Amelie fast ein wenig schüchtern.
Celia und Sabine Sanders rollen mit den Augen.
»Wir werden euch jetzt zur Schule begleiten und mit Herrn Knabe ein ernstes Wörtchen reden. Mobbing ist etwas Furchtbares! Das muss gestoppt werden!«
»Genau«, pflichtet Sabine Sanders ihrer Frau bei, »davon wird man krank. Haben wir euch denn gar nichts beigebracht? Seit wann seht ihr zu, wenn andere fertiggemacht werden?«
»Alleine gegen die drei kann ich nichts ausrichten, Mama«, gesteht Nils bedrückt.
»Nein«, entgegnet Celia Sanders, »aber du hast mittlerweile ganz viele tolle Freunde, die dir helfen können.«
»Aber das klären wir nicht jetzt«, sagt Sabine Sanders mit Bestimmtheit. »Ihr müsst zur Schule und wir begleiten euch.«
»Aber ihr müsst doch zur Arbeit«, widerspricht Nils.
Celia Sanders streichelt ihm übers Gesicht. »Mein Sohn, die Arbeit kann warten. Das ist wichtiger.«
Gemeinsam gehen sie den zehnminütigen Schulweg. Kurz bevor sie die Schule erreichen, sehen sie links im Gebüsch drei Jungen, die in einen Schulranzen pinkeln. Sie amüsieren sich prächtig und lachen laut auf, als einer von ihnen einen nassen Schuh auf die Straße wirft.
»Was macht ihr da?«, ruft Sabine Sanders den Jungs zu.
Erschrocken blicken diese auf.
»Schnell weg hier«, ruft Lennard und nimmt die Beine in die Hand.
Schnell wie der Wind sind die drei verschwunden.
Den nassen Ranzen haben sie stehengelassen.

»Mia, hattest du nicht gesagt, dass Michael heute keinen Schulranzen dabei hatte?«, fragt Celia Sanders misstrauisch.
Mia nickt.
Sabine Sanders geht ins Gebüsch und holt die Tasche heraus, während Celia Sanders den Schuh von der Straße sammelt.

An zwei Fingern hält die Zwillingsmutter die Schultasche in die Höhe. »Boah, das stinkt ja entsetzlich. Ich verwette mein Nachmittagseis, dass das der Ranzen von Michael ist.«
Mia, Amelie und Nils nicken.

Sabine Sanders stapft forschen Schrittes auf die Schule zu. »Das ist eindeutig zu viel!«
Neugierig folgen die Kinder ihr.
Auch Celia Sanders hat Mühe, mit ihrer Frau mitzuhalten, die schnurstracks zur Schulleiterin marschiert.
Vor dem Büro klopft sie kurz an, dann betritt sie den Raum. Ohne groß abzuwarten, poltert sie los. »Frau Hafer, es gibt ein großes Problem an Ihrer Schule und wir werden das jetzt klären!«
Perplex blickt die zarte Schulleiterin von ihrer Arbeit auf. »Frau Sanders, wie kann ich Ihnen helfen? Was haben Sie da? Das stinkt ja entsetzlich!«
»Das ist vermutlich der Ranzen von einem Mitschüler meiner Kinder und wiederum andere Mitschüler haben ihm diesen abgenommen und reingepinkelt.«
Voller Entsetzen steht Frau Hafer auf. »Kommen Sie! Wir gehen in die Klasse zu Herrn Knabe und reden mit ihm.«
Sie gehen durch den Flur direkt zum Klassenzimmer der Klasse 6b. Dort steht Lucas und stemmt wütend die Hände in die Hüften. Vor ihm stehen seine Eltern.
»Ihr habt mir überhaupt nichts zu sagen. Ihr seid nicht meine richtigen Eltern!« Mit diesen Worten stürmt er ins Klassenzimmer und lässt seine verdutzten Eltern im Flur stehen.
Frau Hafer verdreht die Augen. »Was ist denn heute bloß los? Stehen die Sterne ungünstig?«
»Was redet Lucas da? Wieso sind das nicht seine richtigen Eltern?«, wendet sich Mia leise an die Zwillinge.
Nils, der mit Lucas recht gut befreundet ist, guckt Mia ratlos an. »Ich habe keine Ahnung, wovon er redet.«
»Herr und Frau Fluge, kann ich Ihnen irgendwie behilflich sein?«, wendet sich Frau Hafer freundlich an Lucas Eltern.

Frau Fluge fängt augenblicklich an zu weinen, während ihr Mann ihr einen Arm um die Schultern legt.
»Nein, danke, Frau Hafer. Das ist privat«, antwortet Herr Fluge.
Michael biegt im selben Moment um die Ecke und bleibt beim Anblick seines nassen Ranzens erschrocken stehen.
Lennard, Hannes und Boris kommen herbeigelaufen und rennen Michael glatt über den Haufen.
Michael stürzt und stößt sich den nackten Fuß an einer Säule. »Au!«, ruft Michael verzweifelt.
»Gott, bin ich heute in einem Irrenhaus?«, schimpft Frau Hafer leise vor sich hin.
Herr Knabe eilt herbei und hilft Michael auf die Beine. »Wieso trägst du nur einen Schuh?«, fragt er seinen Schüler.
»Ich glaube, ich kann weiterhelfen«, sagt Celia Sanders und hält den nassen Schuh von Michael in die Höhe.
Fragend blickt Herr Knabe in die Runde. »Was, zum Teufel, ist hier eigentlich los?«
»Au, au«, jammert Michael, der kaum auftreten kann.
»Michael, stütze dich bitte an meinem Arm ab. Tragen kann ich dich leider nicht«, sagt Herr Knabe bedauernd. »Dafür bist du etwas zu schwer.«
»Was ist mit Ihnen?«, wendet sich Herr Knabe an Lucas Eltern, die noch immer vollkommen verdutzt vor dem Klassenzimmer stehen. Mit einem Ausdruck der Verzweiflung schaut er zu Frau Hafer, als keine Antwort kommt.
»Ich glaube, wir haben hier mehr als ein Problem«, sagt Frau Hafer nur und winkt den Lehrer mitsamt dem Gefolge ins Klassenzimmer, während sich Lucas Eltern leise verabschieden.

***

Vollkommen erschöpft plumpst Mia auf den Teppich. Fritz kommt sogleich angerannt und holt sich seine Streicheleinheiten ab.

»Mia, was ist passiert?«, fragt Sophie überrascht.

Mia grunzt.

Stella kommt angerannt und will Mia ihr Einhorn geben.

Fritz schuhuut leise.

»Hallo Familie«, sagt Mias Papa gut gelaunt und wirft sich zu Mia auf den Teppich. Sein Gesicht ist nur wenige Zentimeter von ihrem entfernt. Da muss Mia plötzlich lachen. Sie hebt ihren Kopf und lehnt sich gegen seine Schultern.

»Du siehst aus, als wenn etwas ganz Furchtbares passiert ist«, bemerkt ihr Papa. »Da muss ich wohl mal ein paar Gummibärchen spendieren, was?«

»Bufi-Bärchen«, quiekt Stella gleich vergnügt und reißt hungrig ihren Schnabel auf. »Ich auch!«

Auch Fritz stellt sich ebenfalls brav an.

Mias Papa lacht. »Aber Fritz, du bist eine Eule! Du kriegst keine Gummibärchen.« Er lässt sich von Sophie die Schachtel mit den Grashüpfern rüberwerfen und füttert auch den jüngsten Spross der Familie Maibaum.

Mia futtert eilig ein paar rote Gummibärchen, dann legt sie los. Sie erzählt von Michael und seinen Problemen mit Lennard, Hannes und Boris. Sie erzählt auch von dem merkwürdigen Wutausbruch von Lucas.

»Es ist gut, dass Herr Knabe jetzt eingeweiht ist. Nun kann er euer Mobbingproblem in Angriff nehmen«, sagt Mias Papa.

»Ja, das finde ich auch«, erwidert Mia.

»Und Lucas wollte dir nicht sagen, warum er seine Eltern so beschimpft hat?«, hakt Sophie nach. Sie wirft ihrem Mann einen merkwürdigen Blick zu.
»Und ihr wollt mir auch nichts sagen, das merke ich sofort«, knurrt Mia verärgert.
»Woran, du schlaues Ding?«, fragt Mias Papa mit einem Augenzwinkern.
»Weil Sophie dich so komisch anguckt. Ihr guckt euch immer so an, wenn ihr etwas wisst, es mir aber nicht sagen wollt«, beschwert sich Mia.
Sophie seufzt. »Also gut...« Sie steht auf und holt sich ein Glas Wasser. »Nachdem wir Lucas mit dieser fremden Frau gesehen haben, hat Papa mit Lucas Eltern gesprochen.«
Mia bläst vor lauter Überraschung die Backen auf. »Echt? Und?«
»Lucas ist ein Pflegekind«, sagt Mias Papa.
Mia rümpft die Nase. »Was soll das sein?«
»Die fremde Frau, die mit Lucas spazieren gegangen ist, war seine leibliche Mutter«, antwortet Sophie.
»Seine leibliche Mutter? Ich dachte, Frau Fluge ist seine Mutter«, will Mia wissen und Sophie nickt. »Das ist sie auch...sozusagen...«
»Er hat zwei Mütter?« Mia wackelt mit den Augen.
»Herr und Frau Fluge sind seine Pflegeeltern«, sagt Mias Papa. »Frau Fluge hat Lucas nicht zur Welt gebracht.«
»Dann war diese komische, fremde Frau Lucas echte Mutter? Deshalb ist er mit ihr mitgegangen«, sagt Mia.
»Ja.«
»Das wusste ich nicht. Warum hat Lucas nie etwas gesagt?«, überlegt Mia. Nachdenklich greift sie in die Tüte mit den Gummibären und holt sich eines heraus.
»Vielleicht war es ihm peinlich«, mutmaßt Sophie.

»Aber wir sind doch Freunde. Da muss einem so etwas doch nicht peinlich sein«, beharrt Mia. »Warum hat Lucas Pflegeeltern?«
Mias Papa setzt sich und mopst Mia etwas Weingummi. Schmatzend beginnt er zu erzählen. »Manchmal gibt es Eltern, die sich nicht um ihre Kinder kümmern. Das ist nicht immer bösartig gemeint, sie sind einfach überfordert. Aber das hat dir ja Tante Anna schon erklärt.«
»Aber Lucas lebt doch schon so lange bei seinen Pflegeeltern«, bemerkt Mia.
Sie kennt Lucas bereits aus dem Kindergarten und da waren Herr und Frau Fluge schon seine Eltern.
»Lucas ist schon als Baby zu den Fluges gekommen«, sagt Sophie.
»Dann brauchte Lucas leibliche Mutter also gleich zu Anfang Hilfe, als Lucas noch klein war?«, fragt Mia.
»Genau. Bei Lucas hat sich das Jugendamt selbst eingemischt. Er wurde gegen den Willen seiner Mutter weggenommen«, fügt Mias Papa hinzu.
Mia nimmt eine ganze Hand voll Gummibären. »Ihr habt mich noch nie geschlagen. Und zu Essen bekomme ich auch genug.«
Mias Papa hält grinsend die Hand auf. »Darum musst du mir auch Gummibären abgeben. Als Pfand, dass es so bleibt.«
Sophie schnauft entrüstet. »Tom!«, ruft sie. »Wie kannst du so etwas sagen?«
»Das war doch nur Spaß«, kontert Mias Papa. Er wird wieder ernst. Er nimmt Mias Hand und streichelt sie. »Uns geht es gut und dafür bin ich auch sehr dankbar. Sophie und ich kommen gut mit euch zwei Rackern klar. Aber es gibt auch Menschen, die das nicht können. Das können Kleinigkeiten sein. Es läuft bei der Arbeit nicht

gut und die Eltern kommen schon genervt und voller Sorgen nach Hause. Es gibt auch Eltern, die trinken zu viel Alkohol oder nehmen Drogen.«

Mia schluckt. »Das wusste ich gar nicht. Und wie war das bei Lucas?«

»Ich finde, das sollte Lucas dir selbst erzählen«, meint Mias Papa.

»Ihr wisst, warum er Pflegeeltern bekommen hat?«, hakt Mia nach.

Ihr Papa nickt. »Ja. Aber wenn er dir bisher nicht verraten hat, dass er ein Pflegekind ist, dann möchten wir nicht vorgreifen. Wir finden, du solltest nur so viel wissen, wie er bereit ist, zu erzählen.«

Mia schnappt sich noch einen Gummibären. »In Ordnung. Dann werde ich ihn fragen.«

# Die STOPP-Methode

Mia liegt schon im Bett, als es an der Haustür klingelt. Für einen kurzen Moment überlegt sie, sich einfach auf die andere Seite zu drehen, doch ihre Neugier ist größer. Sie schlägt die Bettdecke zurück und schleicht leise aus ihrem Zimmer.
Durch die Stäbe des Treppengeländers sieht sie Herrn Knabe, ihren Klassenlehrer.
Erschrocken zuckt sie zurück.
Hat sie in der Schule irgendetwas falsch gemacht?
Vielleicht sogar eine schlechte Note geschrieben?
Mia fängt an zu schwitzen.
»Guten Abend Sophie! Ich danke dir, dass du dir für mein Problem Zeit nimmst«, sagt Herr Knabe schnaufend.
Sophie nimmt ihm die Jacke ab. »Das mache ich doch gerne, Kevin. Als Lehrer müssen wir doch zusammenhalten. Komm mit ins Wohnzimmer! Die Kinder schlafen schon und Tom ist beim Sport.«
Die beiden gehen ins Wohnzimmer und Mia wagt sich auf Zehenspitzen die Treppe hinunter. Sie darf auf keinen Fall den Grund verpassen, weshalb ihr Klassenlehrer so spät am Abend noch einen Hausbesuch macht.
Sophie und Herr Knabe sitzen bei einer Tasse Tee auf dem Sofa und unterhalten sich.
»Wo drückt denn der Schuh?«, fragt Sophie.
Nervös rutscht Herr Knabe auf seinem Platz herum. Dann fährt er sich durch die Haare. »Du kennst doch Michael. Seit der Grundschule ist er noch dicker und unsportlicher geworden. Er hatte ja seine Leidenschaft für Leberwurst- und Salamibrote früh entdeckt. Sein Banknachbar Jonny

hat ihn da ganz schön verführt. Ich befürchte, Michael ist mittlerweile zur echten Zielscheibe für ein paar Jungs geworden.«
»Mia hat bereits erzählt, dass Michael gemobbt wird«, sagt Sophie bedrückt. »Aber ich dachte bisher, das ist eher ein Problem von Mittelschulen, nicht von Gymnasien.«

Herr Knabe lacht höhnisch auf. »Sophie, lebst du auf dem Mond? Wir leben im Einundzwanzigsten Jahrhundert! Im Zeitalter von Handys, Facebook, Instagram und Co.! Mobbing macht doch vor der Schultür eines Gymnasiums nicht Halt! Im Gegenteil, hier ist Mobbing meistens so versteckt, dass man es als Lehrer oftmals nicht bemerkt.«
Mia lehnt sich gegen die kalte Wand.
Erleichtert atmet sie auf.
Es geht in dem Gespräch nicht um sie.

Dennoch ist sie wahnsinnig neugierig.

Sie dreht sich also wieder zur Tür und linst durch den Türspalt.

Sophie räuspert sich. »Es ist mir schon klar, dass es auch am Gymnasium zu Problemen kommen kann. Aber ich dachte trotzdem, dass die Schüler dort vernünftiger sind.« Herr Knabe schnauft. »Aber nein, die Schüler sind nicht weniger verrückt als auf Mittelschulen! Sie haben alle ihre Probleme. Und auch die Eltern unserer Schüler haben ihre Wehwehchen. Einige arbeiten zu viel, andere wiederum belagern ihre Kinder so sehr, dass die Schüler an den Nachmittagen keine freie Minute mehr haben. Sie müssen vom Geigenunterricht zum Schwimmen und von dort gleich weiter zum Englischkurs, weil aus den Kindern ja Genies von Morgen werden müssen.«

»So schlimm?«, hakt Sophie nach.

Vorsichtig nippt sie an ihrem Tee.

»Schlimmer! Ich habe Schüler, die haben keine freie Minute mehr. Sie hetzen von einem Termin zum nächsten. Ihre Hubschrauber-Eltern spielen Kindertaxi, um die Sprösslinge auch ja sicher von A nach B zu bringen, und um sicher zu gehen, dass sie auch ankommen und ihrer Karriere nichts mehr im Weg steht«, plustert sich Herr Knabe auf. »Ich frage mich, wann die Hausaufgaben machen. Vermutlich irgendwann zwischen ihrer Zahnbürste und der Gute-Nacht-Geschichte.«

»Mia möchte auch gerne ein Instrument lernen. Ausgerechnet Harfe! Total verrückt.« Sophie schüttelt den Kopf. »Lass sie, Sophie! Es geht doch nicht darum, dass die Kinder *eine* Freizeitaktivität haben. Das bringt sie nicht um. Es geht vielmehr darum, dass die Kinder heutzutage vollgeknallt werden mit Aktivitäten. Ihr Terminkalender sieht voller aus als meiner. Und natürlich sind alle vernetzt. Jeder hat ein Smartphone. Und jeder ist irgendwo in sozialen Netzwerken drin. Hast du eine Ahnung, wie schnell da ein peinliches Bild hochgeladen ist? Und das versuche mal zu löschen. Das ist nahezu unmöglich!«

»Ich weiß«, seufzt Sophie, »mittlerweile haben sogar meine Schüler in der Grundschule bereits ein Smartphone. Wir mussten schon harte Regeln aufstellen. Von Datenschutz[1] möchte ich gar nicht erst reden. Die Kinder haben keine Ahnung, was das überhaupt ist.«

Herr Knabe schlürft etwas zu laut aus seiner Teetasse. »Heiß! Heiß!«, jault er auf.

Sophie reicht ihm eine Serviette. »Und wo ist jetzt dein Problem? Haben die Schüler Michael etwa auf der Toilette fotografiert und das Bild im Internet hochgeladen?«

Herr Knabe fällt rücklings aufs Sofa. »Gott bewahre! Was für ein schlimmer Gedanke! Ich kann nur hoffen, dass die drei Jungs nicht auf so eine dumme Idee kommen.« Er setzt sich wieder aufrecht hin. »Michael kam vor ein paar Tagen mit nur einem Schuh und ohne Schulsachen in die Schule. Seinen nassen Rucksack haben dann die Sanders in einem Gebüsch gefunden. Er war durchtränkt mit Urin. Ehrlich, Sophie, du kannst dir nicht vorstellen, was der Junge durchgemacht haben muss!«

»Mia hat bereits davon erzählt. Es ist schrecklich! Hast du dir die Übeltäter schon vorgeknöpft?«, hakt Sophie nach.

»Ich habe mit den Jungs gesprochen, die Eltern konnte ich noch nicht erreichen.«

»Das solltest du unbedingt noch nachholen. Die Eltern müssen informiert werden.«

---

[1] Datenschutz soll den Schutz der Identität der Menschen gewähren, also das, was einen Menschen ausmacht, damit alles, was sich in seiner Privatsphäre befindet, nicht in falsche Hände gerät.

»Es wäre schön, wenn die Täter nur auf den Schulranzen gepinkelt hätten. Sie haben in den Schulranzen gepinkelt und auch noch Hundekot hineingelegt. Sämtliche Schulbücher sind unbenutzbar. Ich hätte das Ding am liebsten in dem Zustand in die Mülltonne geworfen, aber ich musste es der Polizei übergeben«, erzählt Herr Knabe. Er seufzt theatralisch und schüttelt fassungslos den Kopf.

Mia hat Herzklopfen. Sie hat nicht gewusst, dass Herr Knabe die Polizei eingeschaltet hat.

»Was sagt denn Michaels Mutter dazu? Sie hat hoffentlich nicht die Eltern der Mobber aufgesucht! Das soll man nämlich unbedingt vermeiden. Das führt nur zu feindseligen Auseinandersetzungen. Zumindest, wenn die Kontaktaufnahme nicht professionell begleitet wird.«

Mia späht durch den Türspalt. Sie hält den Atem an und lauscht.

»Nichts.«

»Nichts?«, quiekt Sophie erschrocken auf.

Herr Knabe schüttelt den Kopf. »Sie ist so mit sich, dem Alkohol und ihrer Arbeitslosigkeit beschäftigt, dass sie sich kaum noch um Michael kümmert. Sie sagt, wenn er Probleme hat, soll er selbst zusehen, wie er da rauskommt. Ihr würde schließlich auch niemand helfen.«

Sophie schneidet eine Grimasse. »Meine Güte, das ist ja furchtbar. Der arme Junge! Wie muss es bei ihm zuhause zugehen!«

»Michaels Mutter ist seit Jahren immer wieder arbeitslos und seit Michaels Geburt alleinerziehend. Ich habe den Eindruck, dass sie vollkommen überfordert ist«, sagt Herr Knabe.

»Und was willst du jetzt tun? Hast du Strafanzeige bei der Polizei erstattet?«, hakt Sophie nach.

Herr Knabe nickt.

Mia bekommt ganz große Augen.
Was passiert jetzt mit Boris, Hannes und Lennard?
Werden sie eingesperrt?
Oder kommen sie in ein Kinderheim?
Müssen sie Geld bezahlen?
»Ich habe die drei Jungs, Boris, Hannes und Lennard, als mutmaßliche Täter angegeben. Der Polizeibeamte meinte, dass die Sachbeschädigung natürlich strafbar sei, aber da die drei noch nicht vierzehn Jahre alt sind, wird die Polizei lediglich bei ihnen zuhause auftauchen und ihnen mit einer Ansprache den Kopf waschen«, erklärt Herr Knabe.
Mia schluckt.
Wenn sie sich vorstellt, die Polizei würde bei ihr zuhause auftauchen, um mit ihr zu schimpfen, würde sie gewaltigen Ärger kriegen.
»Und wer bezahlt den neuen Schulranzen und die Schulbücher?«, will Sophie wissen. Sie reicht ihrem Gast eine Schale mit Schokoladenkonfekt.
Herr Knabe greift zu und steckt sich gleich zwei Pralinen auf einmal in den Mund. »Danke, Sophie! Ich gehe davon aus, dass die Eltern der drei Jungs den Schaden ersetzen müssen.«
»Und wie willst du das Mobbingproblem in deiner Klasse jetzt anpacken?« Neugierig rutscht Sophie auf ihrem Sitz nach vorne. Gespannt wartet sie auf eine Antwort.
Mia auch.
»Ich habe mich an eine Organisation gewandt. Sie heißt ›*Contravis*‹ und kümmert sich um Problembewältigung an Schulen. Bis die Genehmigung für das Projekt von der Schulbehörde kommt, muss ich dringend etwas tun«, sagt Herr Knabe. Verzweifelt greift er erneut zur Schokolade.
»Ich würde dir die ›*STOPP-Methode*‹ empfehlen«, sagt Sophie schließlich. »Das habe ich in meinen vierten Klas-

sen schon mehrfach angewandt und es hat immer geholfen.«

Erstaunt hebt Herr Knabe den Kopf. »Klingt gut. Und wie gehe ich vor?«

»Eigentlich fängt man mit den Eltern des Opfers an. Aber das hast du bei Michaels Mutter ja schon versucht. Und mit der Schulleitung hast du ja auch bereits gesprochen. Also redest du als nächstes mit den Mobbern. Du fängst mit dem schwächsten Glied an. Das sind sozusagen die Assistenten des Mobbers. Und dann arbeitest du dich bis zum Mobber vor«, erklärt Sophie.

»Und du meinst, das hilft?«

Sophie nickt. »Ja, Kevin. Schüler, die nur das machen, was andere ihnen sagen, also als Assistenten auftreten, die neigen noch am ehesten dazu, ihre Taten zuzugeben. Die Gespräche zeichnest du natürlich auf. Und wenn du mit den zwei Assistenten fertig bist, schnappst du dir den Mobber, also den Anführer. Du kannst ihm gleich anhand deiner schriftlichen Notizen aufzeigen, dass du im Bilde bist, weil die anderen beiden schon gestanden haben. Du sagst ihm auf den Kopf zu, dass er die anderen angestiftet hat, Michael so schlecht zu behandeln. Er wird sich dann nicht mehr herausreden können.«

»Das klingt logisch«, gibt Herr Knabe zu. »Und was mache ich dann? Nur weil ich mit den Mobbern spreche, hören diese doch nicht automatisch auf zu mobben.«

»Du setzt ein ›*Schüler-Beobachter-Team*‹ ein, die alles notieren, was die Mobber in der Woche machen. Darüber informierst du die Klasse, damit es keine Heimlichkeiten und Gerüchte gibt. Danach führst du Abschlussgespräche mit allen Beteiligten. Hier könnt ihr dann Vereinbarungen treffen wie eine Art Vertrag. Und du musst in jedem Fall konsequent bleiben. Auch kleine Ausrutscher der Mobber

sind Rückschläge. Du musst Maßnahmen mit den Schülern vereinbaren, damit sich alle an die Absprachen halten. Und ich empfehle dir einen Elternabend, bei dem du das Problem schilderst, aber keine Namen nennst.«
»Hast du Bücher zu dem Thema?«, fragt Herr Knabe seufzend.
Sophie steht auf. »Ja, habe ich. Ich kann dir ein sehr gutes Buch ausleihen. Darin befinden sich sogar ein paar Arbeitsblätter mit Fragen, die du den Tätern und Opfern stellen kannst. Die kannst du dir kopieren.«
Sie geht auf die Wohnzimmertür zu, biegt aber im letzten Moment ab und geht in Richtung Küche.
Mia klopft das Herz bis zum Hals.
Ängstlich drückt sie sich gegen die Wand.
Eigentlich ist es nicht nett von ihr, Sophie und Herrn Knabe zu belauschen, denkt sie plötzlich. Sie überlegt, sich wieder nach oben zu schleichen, als sie einen Haustürschlüssel hört.
Mit weit aufgerissenen Augen flitzt sie zur Garderobe und versteckt sich unter der Treppe hinter einer Kiste.
Sophie kommt in den Flur. »Hallo Tom!«
»Hallo mein Schatz! Mann, bin ich erledigt. Ich brauche dringend etwas zu essen und mein Sofa«, sagt Mias Papa stöhnend.
Sophie lächelt. »Das lässt sich einrichten. Allerdings ist Kevin auch da.«
Mias Papa stutzt. »Kevin? Welcher Kevin?«
»Mias Klassenlehrer.«
»Was? Hat Mia etwas ausgefressen? Das wäre ja mal was ganz Neues«, sagt Mias Papa fast ein wenig vergnügt.
»Nein«, entgegnet Sophie lachend, »unsere Tochter ist brav wie eh und je.«

Mia rollt mit den Augen. Wenn ihre Eltern wüssten, dass sie sich unter der Treppe versteckt, um das Gespräch ihres Klassenlehrers zu belauschen, würden sie sie gar nicht mehr als ›braves Mädchen‹ betiteln. Fast muss Mia laut losprusten. Aber sie kann sich gerade noch beherrschen.
Sophie und Tom Maibaum verschwinden im Wohnzimmer. Mia bleibt vorsichtshalber noch etwas in ihrem Versteckt, bevor sie es wagt, sich leise nach oben zu schleichen.

***

»Ihr müsst mich nicht nach Hause bringen. Ich bin kein Baby mehr«, fährt Michael die Mädchen an.
Mia verzieht die Nase. »Wir wollten nur nett sein und sehen, dass du heil nach Hause kommst.«
»Genau, wir sind dein Begleitschutz«, pflichtet Emma ihrer Freundin bei.
Michael verzieht das Gesicht. »Aber ihr wollt jawohl nicht noch mit reinkommen, oder?«
Sie bleiben vor dem Mietshaus stehen. Es ist das hässlichste Haus im ganzen Ort und jeder weiß, dass dort diejenigen wohnen, die nicht mit Geld gesegnet sind.
»Du musst dich nicht schämen, weil du hier wohnst«, sagt Emma schließlich.
»Ich schäme mich doch nicht«, brummt Michael, errötet aber heftig.
Mia und Emma tauschen vielsagende Blicke aus.
Michael holt seinen Schlüssel aus der Tasche und öffnet die Haustür. Er will alleine hineingehen, aber die Mädchen lassen sich nicht abschütteln. Schließlich fügt er sich und lässt es zu, dass sie mit in den dritten Stock gehen.
Oben angekommen öffnet Michael die Wohnungstür.

Aus der Wohnung schlägt ihnen Zigarettenqualm entgegen. Der Fernseher läuft.
Mia blickt auf die Uhr.
Selbst wenn ihre Eltern früh zuhause sind, bleibt der Fernseher oft bis abends aus, und ihre Eltern rauchen glücklicherweise auch nicht.
Emma und Mia wollen ihre Schuhe ausziehen, doch Michael latscht mit seinen dreckigen Turnschuhen einfach in die Wohnung.
»Hallo Mama!«, ruft er.
Seine Mutter blickt kurz vom Sofa hoch. Auf dem Couchtisch stehen diverse Alkoholflaschen und ein Aschenbecher, in dem sich ein Berg Zigaretten auftürmt.
Michaels Mutter brummt etwas und winkt ihren Sohn davon.
»Guten Tag, Frau Müller!«, sagt Emma mutig.
Erschrocken blickt Michaels Mutter auf. Eilig wedelt sie den Zigarettenqualm weg. Dann springt sie vom Sofa hoch und reißt ein Fenster auf.
»Du sollst doch Bescheid sagen, wenn du Besuch mit nach Hause bringst«, meckert sie herum.
Michael zuckt mit den Schultern. »Wann bringe ich denn mal Freunde mit nach Hause?«
»Nie«, sagt Michaels Mutter unwirsch. »Du hast keine Freunde.«
Neugierig linst Mia in Michaels Zimmer und sieht Fotos von Lennard, Boris und Hannes an der Wand. In ihren Gesichtern stecken Pfeile eines Dart-Spiels und ein Klappmesser.
Als Michael bemerkt, dass Mia in sein Zimmer guckt, schmeißt er verärgert die Tür zu. »Ihr müsst jetzt gehen.«

»Nun sei doch nicht so unhöflich, Michi«, sagt Michaels Mutter und räumt panisch die vielen Bierflaschen und den

übervollen Aschenbecher weg.
»Sie brauchen nicht wegen uns aufzuräumen«, platzt Emma zur Überraschung von Frau Müller heraus. »Wir wollten Michael nur sicher nach Hause bringen.«
Michaels Mutter kneift ungläubig die Augen zusammen. »Du brauchst zwei Mädchen als Begleitschutz? Bist du kein ganzer Mann, oder was?«
Michael zuckt kaum merklich zurück. Er will etwas sagen, doch seine Mutter winkt ihn nur schweigend zu sich.
»Was ist los?«, fährt sie ihren Sohn an.
»Nichts, Mama«, lügt Michael.
Seine Mutter mustert ihn kritisch. »Was bist du für ein Waschlappen, wenn du zwei Mädchen brauchst, um dich

gegen andere Jungs zur Wehr zu setzen?« Sie schaut an ihrem Sohn herunter. »Du siehst aus wie dein Vater. Und du benimmst dich auch so wie ein feiger Waschlappen. Du bist eine Schande für unsere Familie.«
»Ja, Mama«, entgegnet Michael zu Emmas Überraschung emotionslos.
»Sieh dir die Mädels an! Du solltest dich gesünder ernähren«, fährt Frau Müller fort.
»Wir haben Tütensuppe, Brot und Leberwurst da. Manchmal auch Toast und Salami. Außerdem noch jede Menge Bier und Kartoffelchips. Was davon genau ist gesund?« Michael grinst seine Mutter an und hat im nächsten Moment ihre Hand im Gesicht. Schallend hallt die Ohrfeige in der kleinen Wohnung wider.
»Wie kannst du es wagen, das Wort gegen mich zu erheben. Ich bin deine Mutter.«
Plötzlich scheint Michael zum Leben erweckt zu werden. »Dann benimm dich endlich wie eine Mutter. Du hockst den ganzen Tag auf dem Sofa und glotzt Fernsehen. Essen kaufst du auch kaum noch ein. Und immer mäkelst du an mir herum«, ruft Michael mit hochrotem Kopf. Er ist den Tränen nah. Wütend ballt er die Fäuste.
Seine Mutter wirft sich theatralisch aufs Sofa und verschränkt die Arme vor der Brust. »Was soll ich denn machen ohne Job?«
»Du versuchst ja nicht einmal, Arbeit zu kriegen«, stammelt Michael. Ihm purzeln nun die Tränen übers Gesicht. Die Anwesenheit seiner beiden Klassenkameradinnen hat er offenbar längst vergessen.
»Niemand stellt mich ein. Ich bin alleinerziehend«, keift Michaels Mutter.

Michael wischt sich über die Wange. »Das ist nicht der Grund, Mama. Du kannst nicht lesen und schreiben. Das ist das Problem.«

Erschrocken blickt Michaels Mutter zu ihrem Sohn auf. »Woher weißt du das? Wie kannst du so etwas behaupten, wenn wir dazu noch Gäste haben?«

»Mama...« Michael geht ans Fenster und starrt hinaus. »Ich bin vielleicht dick, aber nicht doof. Ich bin in der sechsten Klasse. Glaubst du, ich weiß nicht, dass du gar keine Brille zum Lesen brauchst? Du behauptest bei den Verkäufern immer, dass du deine Brille vergessen hast. Aber immer dann, wenn sie im Supermarkt umgeräumt haben, läufst du wie ein aufgescheuchtes Huhn herum und findest nichts, was du einkaufen willst.«

Michaels Mutter schnieft und guckt fast ein wenig beleidigt zu Boden. »Vielleicht hättest du mit deinem Wissen warten können, bis wir alleine sind. Nun wird bald das ganze Dorf wissen, dass ich eine Analphabetin[2] bin.«

»Wir sind doch keine Klatschweiber, Frau Müller«, beschwert sich Emma.

Mia nickt. »Genau. Wir werden niemandem davon erzählen.«

»Warum machst du nicht so einen Kurs an der Volkshochschule, Mama? Ich habe gelesen, die bieten Kurse für Leute wie dich an«, sagt Michael.

»Volkshochschule, pah!«, schnauft Michaels Mutter. »Das ist was für Leute, die Geld haben.«

»Und das haben wir nicht«, sagt Michael kaum hörbar.

»Ihr Sohn braucht Hilfe«, wagt sich Mia vor.

»Die Mutter offensichtlich auch«, murmelt Emma und verdreht die Augen.

---

[2] Analphabet ist jemand, der nicht lesen und schreiben kann.

Erstaunt blickt Frau Müller auf. Dabei wandert eine Augenbraue fragend in die Höhe. »Wobei braucht mein Sohn Hilfe?«

»Er wird von ein paar Jungs aus der Klasse gemobbt«, antwortet Emma.

Michaels Mutter schnalzt mit der Zunge. »Mobbing. Das ist jawohl auch so eine neumodische Volkskrankheit, was? Heutzutage ist doch jeder Streit gleich ein schlimmer Mobbingvorfall.« Sie wendet sich an ihren Sohn. »Wenn du Ärger in der Schule hast, haust du den Typen einfach mal eins auf die Rübe. Du wirst dich jawohl noch schlagen können.«

»Schlagen ist doch keine Lösung«, entrüstet sich Mia.

»Genau. Gewalt beantwortet man nicht mit Gewalt«, sagt Emma.

»In eurer Welt vielleicht«, sagt Michaels Mutter schnippisch. »In meiner Welt schon.«

»Wir gehen dann besser«, sagt Emma.

»Wie ihr wollt«, entgegnet Michaels Mutter gespielt gelangweilt.

»Tschüß, Michael«, sagt Emma und Mia nickt ihrem Klassenkameraden nur stumm zu, bevor sie die Wohnung verlassen.

Draußen atmet Emma erst einmal tief durch. »Boah, das stinkt ja vielleicht in der Wohnung.«

»Armer Michael!«, sagt Mia mitleidsvoll. »Seine Mutter ist schrecklich.«

»Sie hat aufgegeben, würde meine Oma sagen«, sagt Emma und verdreht die Augen.

»Deine Oma würde Michaels Mutter die Meinung geigen«, sagt Mia und plötzlich prusten beide Mädchen los.

»Das ist überhaupt nicht komisch«, sagt Mia schließlich.

Emma schüttelt den Kopf. »Nein, ist es nicht. Ich kann trotzdem nicht aufhören zu lachen.«
»Na, komm! Gehen wir ein Eis essen. Ich habe noch etwas Taschengeld übrig«, schlägt Mia vor.
»Super Idee«, sagt Emma und hakt ihre Freundin unter.

\*\*\*

»Du, Sophie, was ist eigentlich Datenschutz?«, fragt Mia fast ein wenig beiläufig, als sie ihren Abendbrotteller in den Geschirrspüler stellt.
Sophie pustet sich eine vorwitzige Haarlocke aus der Stirn. »Wie kommst du denn jetzt auf die Frage?«
Mia zuckt mit den Schultern. »In der Schule kam das Wort auf. Im Zusammenhang mit unseren Handys. Wir sollen darauf achten, dass wir den Datenschutz einhalten.«
Sophie grunzt. »Wenn man als Lehrer solche Fachbegriffe in den Raum schmeißt, sollte man sie auch erklären.« Seufzend nimmt sie sich einen Stuhl. »Also gut, setz dich!« Sophie zieht einen Schmierzettel zu sich und malt mehrere Kreise übereinander. Dann schreibt sie Familie in den inneren Kreis. »Der Datenschutz soll alles schützen, was dich betrifft und was sich in deinem privaten Kreis abspielt. Also in deiner Familie, in deinem Zimmer oder in unserem Haus. Aber auch das, was du mit deinen Freunden besprichst.«
»Also heißt das, niemand darf mit dem Handy Gespräche von Freunden aufzeichnen und sie anderen vorspielen?«, hakt Mia nach.
Sophie nickt. »Genau. Wenn du etwas mit Emma oder Amelie besprichst, geht das nur euch etwas an. Jeder, der euer Gespräch aufzeichnet und zum Beispiel im Internet verbreitet, macht sich also strafbar. Weil wir in Europa,

aber vor allem in Deutschland ein Datenschutzgesetz haben.«
»Und dieses Gesetz beschützt uns«, schlussfolgert Mia.
Sophie lächelt. »Richtig, mein Schatz. Niemand soll uns einfach in unserem Haus filmen dürfen, um das anschließend im Internet zu verbreiten.«
»Herr Knabe meinte, wir sollen im Internet auch nicht unsere Adresse bekanntgeben«, sagt Mia.
Sophie rollt mit den Augen. »Um Gottes Willen, bitte nicht! Es gibt ja sogar so schlaue Kandidaten, die schreiben bei Facebook, wo sie wohnen und wann sie in den Urlaub fahren. Einfacher kann man es Einbrechern gar nicht machen, während der Abwesenheit der Bewohner ins Haus einzusteigen.«
»Stimmt. Daran habe ich noch gar nicht gedacht«, sagt Mia leise.
»Es gab sogar schon ein Mädchen, die hat gepostet, dass sie ihren Geburtstag feiern will. Und schwupps…« Sophie schnipst mit den Fingern, »standen eintausend Leute vor ihrer Tür und wollten mitfeiern.«
Mia macht große Augen. »Wie schrecklich!«
»Ja, vor allem für die Eltern. Die mussten den teuren Polizeieinsatz bezahlen«, sagt Sophie und kneift ihr neckisch in die Wange. »Und genau aus diesem Grund muss man ganz genau aufpassen, was man im Internet von sich preisgibt. Und genau deshalb gibt es Gesetze, die uns schützen sollen.«
»Dann ist Datenschutz ja auch etwas Sinnvolles«, sagt Mia.

# Aufregung im Zoo

»Ich könnte mich hauptsächlich von Eis ernähren«, sagt Mia seufzend. Sie hat sich heute einen besonders großen Eisbecher gegönnt.
Linda und Amelie nicken.
»Ich ziehe eine große Tüte Kartoffelchips vor«, wirft Emma grinsend ein. Sie hat sich nur eine Kugel Eis gekauft und holt eine kleine Tüte Chips aus ihrem Rucksack.
»Willst du etwa Chips und Eis essen?«, fragt Lucas pikiert.
Emma strahlt über das ganze Gesicht. »Na, logo! Eis kann man nicht ohne Chips essen. Viel zu süß!«

»Du bist echt eine verrückte Nudel, aber genau deshalb lieben wir dich«, sagt Nils.
Lucas errötet. »›Du‹ liebst Emma, nicht ›wir‹.«
»Genau«, erwidert Nils und zwinkert Emma zu.
Die Freunde setzen sich auf eine Wiese beim Sportplatz der Schule und genießen die letzten warmen Herbsttage.
»Warum hast du Streit mit deinen Eltern gehabt?«, fragt Mia plötzlich.
Lucas lässt vor Schreck fast sein Eis fallen. »Ach das…« Er winkt ab und versucht die Sache herunter zu spielen.
»Du brauchst dir gar nicht erst Lügen auszudenken, Lucas«, sagt Emma kauend, »wir haben alle gehört, dass du

gesagt hast, dass deine Eltern nicht deine richtigen Eltern sind.«

Lucas lässt den Kopf hängen. Dann blickt er wieder auf. »Ich habe eine leibliche Mutter. Meinen Vater kenne ich nicht. Meine Pflegeeltern haben mich als Baby zu sich genommen.«

»Warum?«, fragt Nils.

Lucas schleckt eine Spur zu langsam an seinem Eis herum. »Meine Mutter ist krank.«

Mit großen Augen schauen seine Freunde ihn an.

Emma ergreift schließlich seine Hand. »Lucas, das ist ja furchtbar.«

Lucas befreit sich. »Nicht so, wie du denkst.«

»Gibt es verschiedene Arten, krank zu sein?«, hinterfragt Emma verwirrt.

Lucas windet sich. »Ja, ach, Mann, sie ist drogenabhängig.«

Sprachlos starren alle Lucas an.

»Deine Mutter nimmt Drogen?«, fragt Nils perplex.

»Das heißt das dann wohl, Nils«, entgegnet Amelie leicht genervt.

»Das ist krass«, entfährt es Nils.

»Und darum konnte sie sich nicht um dich kümmern?«, fragt Emma schüchtern.

Lucas schluckt. »Manchmal kommt sie, wenn wir verabredet sind. Manchmal lässt sie Monate lang nichts von sich hören.«

»Dann wurdest du ihr vom Jugendamt weggenommen?« Mia betrachtet ihren langjährigen Schulfreund. Sie fühlt sich auch oft schlecht, weil sich ihre Mutter aus dem Staub gemacht hat, aber ihre Mutter war nicht süchtig nach Drogen, sondern eher nach Freiheit.

Lucas nickt. »Die ersten vier Jahre bin ich bei meinen Pflegeeltern aufgewachsen. Und dann stand meine Mutter plötzlich eines Tages unangemeldet vor der Tür. So ist es noch heute. Sie kommt und geht, wann sie will.«

»Mir tun Kinder leid, die in Pflegefamilien leben müssen«, sagt Nils und wird gleich darauf rot wie eine Tomate. »Entschuldige, Lucas!«

Lucas zuckt mit den Schultern. »Schon okay.« Er zerkrümelt seine Eiswaffel und wirft sie ein paar Vögeln zu, die sich gierig darauf stürzen.

»Ich mag meine Pflegeeltern sehr. Sie sind eigentlich meine Eltern. Sie sind immer für mich da. Wenn ich krank bin, wenn es mir schlecht geht, wenn ich traurig bin oder wenn ich jemanden zum Lachen und Spielen brauche. Es ist gut, dass es Menschen gibt, die Kindern wir mir ein Zuhause geben.«

»Das klingt aber komisch. ›Kinder wie dir‹.« Mia schnalzt mit der Zunge. »Bist du denn anders als wir?«

Lucas kickt einen Stein weg und denkt eine Weile darüber nach. »Ja, ich glaube, ich fühle mich anders. Ich habe eine Mutter, für die ich mich schäme, und Eltern, die gar nicht meine Eltern sind. Und wenn das Jugendamt das so will, dann holen sie mich ab und bringen mich ins Kinderheim.«

»Lucas!«, ruft Mia erschrocken. »Das würden die tun?«

Lucas zuckt mit den Schultern. Mit einem Stock bohrt er Löcher in den Sand. »Nun, meine Pflegeeltern sind gut zu mir. Darum glaube ich das eher nicht. Aber meine Mutter hat schon öfters gesagt, dass sie mich zurückhaben will. Und dann hat mich immer so ein Typ vom Jugendamt abgeholt und zu meiner Mutter gebracht.«

»Aber ich habe deine Mutter noch nie zuvor in Bärenklau gesehen«, wirft Mia ein. »Bis vor ein paar Tagen zumindest. Wo lebt sie denn?«

»In Berlin.«

»Aber du warst doch immer in der Schule«, wirft Linda ein. »Du hast nie gefehlt, außer, wenn du krank warst.«

»Und ich war öfters mal krank, oder?« Lucas lächelt gequält.

»Du meinst, wenn du krank warst, warst du in Wirklichkeit in Berlin bei deiner Mutter?«, fragt Mia überrascht. Eis tropft ihr auf die Hose, aber das bemerkt sie viel zu spät. Eilig holt sie ein Taschentuch aus ihrer Tasche und wischt den Eisfleck notdürftig weg.

»Meistens hat meine Mutter nie länger als ein paar Tage durchgehalten«, erzählt Lucas traurig, »dann wurde ihr alles zu viel. Sie hatte keine Lust mehr, mir Essen zu machen, sich mit mir zu unterhalten und dann ist sie einfach aus der Wohnung gelaufen.«

»Sie hat dich allein gelassen? Das ist doch gefährlich!«, sagt Mia empört.

»Sie kam erst Stunden später wieder. Und dann war sie meistens total ruhig und friedlich«, erinnert sich Lucas.

»Das ist doch gut«, versucht Nils, ihn aufzumuntern, doch Lucas schüttelt den Kopf. »Nein. Sie war weggelaufen, um sich Drogen zu holen. Und mit den Drogen im Körper war sie irgendwie ein anderer Mensch. Ihr war plötzlich alles egal. Sie lag einfach nur noch auf dem Sofa herum und war in ihrer eigenen Welt.«

»Das klingt sehr traurig«, sagt Mia.

»Mir ist auch schon die Brust ganz schwer. Lasst uns den Troll wegschicken, der uns belagert, würde Frau Glück vom Hospiz nun sagen«, feixt Linda halbherzig.

Emma legt eine Hand auf Lucas Arm. »Lucas, ich finde es großartig, dass du uns das alles anvertraut hast. Wir sind deine Freunde und werden schweigen. Versprochen!«

Alle legten ihre Hände auf die von Emma und Lucas.
»Versprochen!«, wiederholen alle im Chor.

***

Als Mia und Emma noch einmal ins Klassenzimmer zurückgehen, weil Mia ihre Sportsachen liegen gelassen hat, platzen die beiden Mädchen in ein Gespräch ihres Klassenlehrers mit einer leicht pummeligen Frau und knallbunten Haaren.

»Ich werde Sie dann zum vereinbarten Termin in der Klasse vorstellen, Frau Grün«, sagt Herr Knabe lächelnd.

Die Frau nickt. Dann legt sie eine Hand auf den Arm des Lehrers. »Wollen wir uns nicht duzen? Ich bin Nicolina.«

Herr Knabe denkt kurz nach, dann nickt er. Er reicht ihr die Hand. »Kevin. Und wie heißt dein Kollege, den du mitbringst?«

»Ich habe zwei Kollegen. Mick und…«

»Mia! Emma! Was macht ihr denn hier?«, fährt Herr Knabe erschrocken zusammen.

Mia lächelt entschuldigend. »Ich habe meine Sportsachen vergessen.«

»Das sind übrigens Mia und Emma. Zwei meiner Schülerinnen«, stellt Herr Knabe die beiden vor.

Nicolina Grün lächelt. »Freut mich! Na, wir lernen uns ja bald kennen. Ich muss dann mal los! Bis bald, Kevin.« Sie winkt allen zu und ist auch schon verschwunden.

»Husch, husch! Ab zum Sportunterricht, ihr zwei!«, drängt Herr Knabe.

»Was haben wir für ein Glück, dass Sie unser Sportlehrer sind. Wenn wir zu spät sind, kommen Sie auch zu spät«, feixt Emma und zieht Mia schnell aus dem Klassenzimmer.

***

»Fridolin, du kannst doch nicht schon wieder ein Ei stehlen!« Entrüstet stemmt sich Mia die Hände in die Hüften. Der kleine Humboldtpinguin trötet nur kurz, dann schaut er in die andere Richtung. Er ignoriert seine ›Pinguindame‹ einfach, die gar nicht damit einverstanden ist, dass der kleine Kerl sich ein viertes Pinguinkind angelacht hat.

»Na, gibt es Probleme, Mia?«, fragt Karl, der Tierpfleger. Er klettert über den Felsen zu den Pinguinhöhlen, vor denen Mia sich aufgebaut hat.

»Fridolin hat schon wieder ein Ei, das er ausbrütet«, entgegnet Mia. Sie schüttelt den Kopf und wirft ihrem Papa, der außerhalb des Geheges steht und wartet, einen genervten Blick zu.
Karl seufzt. »Du bist ein Guter, nicht wahr, Fridolin?«
Fridolin trötet, als hätte er den Tierpfleger verstanden.
»Wo sind eigentlich all die anderen Pinguine?«, fragt Mia. Ihr ist plötzlich aufgefallen, dass das Gehege so leer aussieht.
»Ach, Mia«, seufzt Karl verzweifelt, »die meisten Pinguine sind auf unserer Krankenstation.«
Alarmiert richtet sich Mia auf. »Was? Warum?«
»Unsere Tierärztin arbeitet auf Hochtouren. Wir wissen aber leider noch nicht, was die Tiere haben. Ein Pinguin nach dem nächsten stirbt.«
Mia ist geschockt. »Oh mein Gott«, platzt sie heraus, »das ist ja furchtbar. Und nun? Kann ich Fridolin gar nicht mitnehmen?«
Karl fährt sich übers Gesicht. »Ich würde dich sogar bitten, ihn, Max, Sammy und Finn mitzunehmen. Sie sind die letzten noch gesunden Pinguine, die wir haben.« Der Tierpfleger hält eine übergroße Transportbox in die Höhe. »So etwas ist mir in den letzten zwanzig Jahren noch nie passiert. Pinguinsterben. Ich bin verzweifelt.«
Mia öffnet die Transportbox, die Karl auf den Boden gestellt hat. Dann winkt sie Fridolin zu sich. »Nun komm schon und sei nicht so beleidigt. Du darfst dein Ei mitnehmen.«
Max, Sammy und Finn springen in die Transportbox und nun folgt auch Fridolin zögerlich. Behutsam rollt er das Ei vor sich her und stupst es schließlich in die Box.

»Wir tragen die vier besser nicht durch die Höhlen, sondern gehen außen herum zur Tür. Ich will keine Keime rein- oder rausschleppen«, sagt Karl.
Also transportieren Mia und Karl die Pinguine vorsichtig zur Gehegetür.
»Heute geht ihr wohl außen herum, was?«, fragt Mias Papa, der den Rollwagen in Position stellt, damit sie die schwere Transportbox nicht bis zum Auto tragen müssen.
»Papa, die Pinguine sterben alle«, sagt Mia erschüttert.
Karl winkt ab. »Nicht alle, Mia. Aber sechs sind schon gestorben. Wir müssen die Ursache finden, die sie so krank macht.«
Mias Papa schreckt zurück. »Die Pinguine sind krank? Und wir sollen Fridolin trotzdem mitnehmen?«
»Die vier Racker hier sind die einzigen gesunden Tiere, Herr Maibaum«, sagt der Tierpfleger seufzend.
Fahrig fährt sich Mias Papa durch die immer lichter werdenden Haare. »Na, hoffentlich bleiben die vier Racker auch gesund. Ich möchte keinen Ärger mit dem Zoodirektor!«
»Den werden Sie schon nicht kriegen. Wir sind froh, dass wir die Vier ausquartieren können«, beruhigt Karl Mias Papa.
»Dann sollen wir Fridolin und Co. gar nicht am Sonntag zurückbringen?« Mit großen Augen wartet Tom Maibaum auf eine Antwort.
»Es wäre schon günstiger, wenn Sie die vier Pinguine vorerst bei sich zuhause halten könnten, bis wir der Sache auf den Grund gehen konnten«, sagt Karl schließlich.
»In Ordnung«, entgegnet Mias Papa und Mia klatscht innerlich Beifall. Sie freut sich, dass sie Fridolin aus der Gefahrenzone bringen darf.
»Und wenn etwas ist…?«, fragt Mias Papa leise.

»Dann bringen Sie die Tiere sofort zu uns in den Zoo.«
»Geht klar«, sagt Mias Papa und schiebt den Transportwagen an. »Bis bald.«
»Bis bald! Und toi, toi, toi«, sagt Karl hoffnungsvoll.

***

»Mia, was machst du denn hier? Waren wir verabredet?«
Emma strahlt ihre Freundin an, doch Mia lächelt nicht zurück. Mit hängenden Schultern steht sie in der Tür und kämpft mit den Tränen.
Emma spürt, dass etwas nicht stimmt und zieht Mia ins Haus. »Was ist passiert?«
Mia bricht in Tränen aus.
Emma führt ihre Freundin in das Gewächshaus ihres Papas, wo sie eine kleine Wellness-Oase mit hängenden Korbmöbeln und einer kleinen Saftbar eingebaut hat. Dort pflanzt sie Mia auf die Bank.
Während Mia schluchzend inmitten der Palmen sitzt, mixt Emma einen kleinen Fruchtcocktail mit Mangosaft und Mineralwasser.
»Was ist denn bei euch los? Ich habe unglückliche Schwingungen empfangen«, platzt Oma Kassy in die Oase.
Emma deutet auf Mia. Vorsichtig balanciert sie die Getränke zum Tisch und setzt sich zu ihrer Freundin. Sie nimmt sie in den Arm und drückt sie ganz fest an sich.
Oma Kassy lässt sich in einem der Hängesessel nieder.
»Mann, die sind aber auch gemütlich. Hier stehe ich nie wieder auf!«
Emma lächelt zaghaft. »Vielleicht kannst du ja helfen, Oma!«
»Ich gebe mein Bestes!«, erwidert Oma Kassy lächelnd.

Mia schnäuzt sich die Nase und nimmt einen Schluck von ihrem Fruchtcocktail. »Mmh, der ist lecker. Danke!« Fahrig wischt sie sich die Tränen ab.
»Nun erzähl! Was ist passiert?«, drängt Emma.
Mia schaut sich um. »Es ist wunderschön hier!«
»Willst du lieber im Hängesessel Platz nehmen? Das hier ist mein Rückzugsort. Es muss sich doch lohnen, dass mein Papa so viel arbeitet und eine eigene Baumschule hat.«
Mia erhebt sich und schlüpft in den zweiten Hängesessel. Auch Emma nimmt im letzten Hängesessel Platz.
»Oma Kassy hat Recht! Die Stühle sind der absolute Wahnsinn.« Mia springt noch einmal auf und holt ihr Glas. Dann macht sie es sich wieder gemütlich. Schniefend nippt sie an ihrem Getränk. »Ich habe heute eine Nachricht von Linda bekommen.«
»Eine *WhatsApp*?«, hakt Oma Kassy nach. Sie ist zwar schon weit über sechzig, aber sie liebt ihr Handy über al-

les. Und am liebsten verschickt sie Nachrichten und Fotos über *WhatsApp*.

Mia nickt. »Linda hat mir erzählt, dass Lucy und Mirja aus meiner alten Klasse ein Klassentreffen planen.«

»Ich bin bei meinem Treffen nicht hingegangen«, sagt Emma. Sie schüttelt den Kopf, dass ihre Pippi-Langstrumpf-Zöpfe nur so wackeln.

»Warum nicht?«, fragt Mia überrascht. »Es ist doch bestimmt toll, die ganzen Mitschüler wiederzusehen.«

Emma schneidet eine Grimasse. »Nein, danke! Ich kann darauf verzichten. Meine Mitschüler waren nie sonderlich nett zu mir.«

Mia seufzt und wischt sich eine Träne weg, die sich erneut auf den Weg gemacht hat. »Ich hatte eigentlich nie Probleme. Aber jetzt haben Mirja und Lucy Lügengeschichten über mich verbreitet. Sie machen mich vor allen schlecht und die anderen glauben es. Darum bin ich nicht zum Klassentreffen eingeladen.«

»Und das hat dir Linda mitgeteilt?«, hakt Emma nach.

Mia nickt.

Oma Kassy wirft Mia ein Stückchen Schokolade zu. »Meine süße Mia, lass den Kopf nicht hängen! Iss ein bisschen Schokolade! Das ist gut für die Seele.«

Mia fängt wieder an zu weinen. »Niemand hat mich gefragt, ob es stimmt, was sie über mich erzählen. Alle glauben den beiden.«

»Menschen reden böse Dinge. Manchmal glaube ich, sie haben den lieben, langen Tag nichts Besseres zu tun. Verschwende deine Energie nicht für Menschen, die schlecht über dich reden«, sagt Oma Kassy. Sie wirft Mia eine Taschentuchpackung zu.

Mia fängt die Packung und schnäuzt sich erneut die Nase. »Blöde Nase! Warum muss die eigentlich laufen, wenn man weint?«

»Betrachte es als Reinigung«, sagt Oma Kassy. »Und Kopf hoch! Wenn Menschen schlecht über dich reden, zeigt das nur, wie sie sind, nicht wie du bist.«

Mia horcht auf. Plötzlich lächelt sie bis über beide Backen. »Das klingt logisch. Und gut. Da fühle ich mich gleich viel besser.« Sie reißt den Schokoriegel auf und beißt hinein. »Danke, Oma Kassy! Ich glaube, du hast Recht. Wenn andere Menschen schlechte Dinge über einen sagen, die gar nicht stimmen, dann wollen sie sich nur wichtig machen und von sich selbst ablenken. Es zeigt nur, wie doof sie selbst sind.«

Oma Kassy hebt den Daumen. »Schlaues Mädchen! Genau. Diejenigen, die überall herumtratschen und irgendwelche Geschichten über andere verbreiten, die sammeln ganz viel schlechtes Karma.«

»Was ist Karma, Oma?«, fragt Emma.

»Menschen, deren Religion der Hinduismus oder Buddhismus ist, glauben an ›*Karma*‹, den ›*Weg der Taten*‹«, erklärt Oma Kassy schmatzend. »Sie glauben nämlich daran, dass man genau das anzieht, was man vorher gemacht hat. Aus einem Gedanken wird eine Tat und aus einer Tat folgt eine Konsequenz. Es passiert etwas. Wenn man also schlecht über andere redet, dann kommt das Schlechte zu den Menschen zurück.«

»Dann folgt also auf ihre schlechten Taten eine Strafe?«, hakt Emma nach.

Oma Kassy nickt. »Genau, mein Schatz! Auf jede gute Tat folgt eine Belohnung und darum sind viele im Hinduismus auch sehr bemüht, hilfsbereit zu sein und viel zu beten, damit sie im nächsten Leben in einer höheren Kaste leben dürfen.«

»Das komische Kastensystem in Indien habe ich noch nie verstanden«, gesteht Mia zähneknirschend.

»Das ist auch schwer zu verstehen, Kindchen«, sagt Oma Kassy seufzend. »In Indien gibt es zwar kein Gesetz mehr, nach dem die Menschen in unterschiedlichen Kasten leben müssen. Und seit über sechzig Jahren steht sogar geschrieben, dass niemand wegen seiner Kaste diskriminiert werden darf. Aber viele Inder sehen ihr altes System trotzdem als richtig an. Wenn ein Inder also arm geboren wird, hat er kaum eine Möglichkeit, reich zu werden. Er muss in seinem armen Viertel leben, bis er stirbt. Und darauf hoffen, dass er im nächsten Leben in einer höheren Kaste wiedergeboren wird.«

»Das klingt sehr traurig«, gibt Mia zu.

»Das finde ich auch«, pflichtet Emma ihr bei.

»Zum Glück leben wir in Deutschland, wo wir ein solches System nicht haben. Wenn man hier fleißig in der Schule ist, kann man trotzdem besser und reicher werden als die Eltern«, sagt Mia.

»Also ich möchte die Baumschule nicht übernehmen«, gesteht Emma.

»Nein?«, fragt Oma Kassy überrascht. »Was willst du dann machen?«

»Ich möchte Menschen helfen, die schlecht behandelt werden«, überlegt Emma. »Wie Therapeuten, die mit Patienten reden. Das finde ich toll.«

»Oh, da gibt es viele Möglichkeiten. Aber du bist ja erst in der sechsten Klasse, meine kleine Emma. Du hast noch ein bisschen Zeit, bis du dir über deinen Beruf Gedanken machen musst«, sagt Oma Kassy.

»Und bis dahin helfe ich Mia«, sagt Emma lächelnd.

Mia lächelt zurück. »Was soll ich denn jetzt tun? Alle aus meiner alten Klasse glauben den beiden.«

»Du hast nur zwei Möglichkeiten«, beginnt Emma nachdenklich, »entweder redest du mit den beiden Ziegen und sagst ihnen, sie sollen aufhören, schlecht über dich zu reden. Und dann sollen sie auch gleich die Lügen wieder zurücknehmen, damit du auf das Klassentreffen gehen kannst…«

»Oder?« Gespannt wartet Mia auf eine Antwort. Ihr Kopf ist wie leergepustet. Sie hat überhaupt keine Ahnung, was sie machen soll.

Emma nippt an ihrem Fruchtcocktail und lässt sich Zeit mit der Antwort. »Oder du gibst keinen Pfifferling auf das Gerede und erscheinst trotzdem auf dem Klassentreffen.« Emma grinst bis über beide Ohren.

Entsetzt schüttelt Mia den Kopf. »Niemals! Die werden mich auffressen!«

Emma lacht leise. »Das werden sie nicht wagen. Ich werde dich nämlich begleiten.«

»Das ist hochanständig von dir, Emma«, lobt Oma Kassy ihre Enkeltochter.

Emma rubbelt sich über die Nase. »Ich bin doch Pippi, das stärkste Mädchen der Welt. Das ist ein Klacks für mich. Niemand wird dir auch nur ein Haar krümmen.«

Mia lässt den Kopf hängen. Wieder purzelt eine Träne über ihre Wange. »Sie werden mich mit Blicken töten oder hinter meinem Rücken über mich reden, sobald ich mich umdrehe. Warum sollte ich mir das antun?«

»Wenn du es nicht tust, wirst du dich ein Leben lang fragen, was du verpasst hast«, sagt Emma leise. »Und dann wird der Wurm des schlechten Geredes weiter an dir nagen. Du wirst dich immer klein und mickrig fühlen. Glaube mir, ich weiß, wovon ich spreche.«

Mia blickt auf. »Dann geht es dir jetzt so? Weil du nicht auf dein Klassentreffen gegangen bist?«

Emma nickt. »Genau. Als die Kinder in meiner Klasse so fies zu mir waren, ist mir das Herz gebrochen. Sie haben mir meine guten Gefühle gestohlen. Und die habe ich bis heute noch nicht zurückbekommen.«

Mia rutscht von ihrem gemütlichen Sessel, stellt ihr Glas auf den Tisch und umarmt ihre Freundin. »Dann müssen wir dein Selbstwertgefühl auch zurückholen!«

Emma wischt sich eine kleine Miniträne aus den Augenwinkeln. »Ja, vermutlich hast du Recht. Es ist nicht gut, andere Leute über sich reden zu lassen. Es frisst die eigene Energie auf, weil man ständig darüber nachdenken muss, wer jetzt was über einen denkt und wem man noch begegnen darf.« Emma drückt Mia ganz fest an sich. »Und man malt sich ständig aus, wie man sich mit Worten bei den anderen rächen kann. Das ist nicht gut. Das macht auf Dauer krank, weil sich die schlechten Gedanken in deine Seele fressen.«

»Ein wahres Wort, Emma«, sagt Oma Kassy seufzend.

»Ich habe von einem Kurs gelesen, den eine Therapeutin gibt, damit Frauen ihre Selbstachtung wiedergewinnen können«, erinnert sich Emma.

Oma Kassy horcht auf. »Kind, womit musst du dich nur in deinen jungen Jahren schon beschäftigen! Man sollte doch davon ausgehen, dass Kinder und Jugendliche frei von schlechten Gefühlen leben dürfen. Was bringen die euch bloß in der Schule bei? Sie sollten Anti-Mobbing-Kurse abhalten, statt euch irgendwelche blöden Formeln ausrechnen zu lassen.«

Emma und Mia lachen. »Du kannst ja versuchen, Herrn Knabe davon zu überzeugen, dass er einen Anti-Mobbing-Kurs durchführt.«

Oma Kassy nickt. »Das ist eine gute Idee! Aber vorher melden wir drei uns noch bei diesem Kurs an, von dem du in der Zeitung gelesen hast.«
»Ernsthaft?«, hakt Emma überrascht nach.
Oma Kassy nickt. »Natürlich. Es ist immer gut, wenn man sich verbal verteidigen kann. Ich habe mal gelesen, man hat nur wenige Sekunden Zeit, um seine Selbstachtung zu behalten, wenn andere einen mit Worten angreifen. Es kann also nicht schaden, von einem Profi etwas zu lernen.«
»Aber der Kurs kostet Geld«, wirft Emma ein.
Oma Kassy lacht leise. »Und deine alte Oma hat zufälligerweise ganz viel Geld gespart. Ich lade euch ein!«
»Willst du dein Geld nicht lieber sparen?«, fragt Mia nach.
Oma Kassy schüttelt entschlossen den Kopf. »Wofür? Das letzte Hemd hat keine Taschen. Wenn ich tot bin, nützt mir das Geld auch nix mehr. Jetzt leben wir, oder nicht?«
Emma gibt ihrer Großmutter einen dicken Kuss auf die Wange. »Du bist die beste und schlaueste Oma, die es auf der ganzen Welt gibt. Danke, dass es dich gibt!«
Nun wischt sich Oma Kassy eine Träne aus den Augenwinkeln. »Lass das, Emma! Bring deine alte Großmutter in ihren letzten Tagen nicht auch noch zum Weinen.«
»Du lebst noch mindestens dreißig Jahre, Oma. Du bist doch noch jung«, widerspricht Emma lachend.
»So ist zumindest mein Plan. Und die dreißig Jahre werde ich es mir schön machen. Also auf zur Anmeldung des Kurses für Superfrauen!«

# Lucas Mutter

»Was passiert denn mit der Pflanze, wenn die Sonne scheint«, hinterfragt Mia.
Lucas schaut in sein Biologiebuch. »Sie bildet einen Stoff namens ›*Chlorophyll*‹«, sagt er schließlich.
»Sollten wir nicht zuerst darauf eingehen, dass Pflanzen atmen?«, wirft Emma ein.
»Ja, das ist nämlich auch sehr interessant«, sagt Amelie und ihr Zwillingsbruder Nils nickt zustimmend.
Die Freunde schwitzen in Lucas Zimmer über der Ausarbeitung ihres Biologie-Referats in der Schule, als es plötzlich klingelt.
»Erwarten wir noch jemanden?«, fragt Mia überrascht.
Lucas schüttelt den Kopf. »Nein, wir sind vollzählig.«
»Lucas! Lucas!«
Lucas erhebt sich. »Ich schaue mal nach, wer das ist.«
Er verlässt sein Zimmer und flitzt die Treppe hinunter.
»Mutti!«
Die vier Freunde spitzen die Ohren.
Emma springt auf und hüpft zur Tür. Neugierig linst sie hinaus in den Flur, aber man kann nicht bis ins untere Stockwerk gucken. Also geht sie ein paar Schritte nach unten und lauscht erwartungsvoll.
»Lucas, mein Baby! Ich wollte dich sehen«, hört Emma eine unbekannte Frauenstimme. Sie schneidet eine Grimasse.
»Wer ist das?«, fragt Mia flüsternd.
Emma zuckt mit den Schultern. Dann legt sie einen Finger auf die Lippen.
»Mutti...«, hören sie Lucas sagen.
Mia und Emma machen große Augen.

Das ist also Lucas echte Mutter.
»Wollen wir mal runterschleichen?«, fragt Emma und in ihren Augen blitzt der Schalk.
Unsicher schüttelt Mia den Kopf. »Nee, wir warten lieber noch.«
Die Stimmen entfernen sich.
Nach weiteren zehn Minuten beschließen die Freunde, nach unten zu gehen. Sie gehen durch das Wohnzimmer in den Garten, wo Lucas mit seiner Mutter an einem Tisch sitzt, während seine Pflegeeltern in der Nähe Unkraut aus den Gemüsebeeten zupfen.
»Oh, du hast Besuch!«, sagt Tanja Klemmschneider, Lucas leibliche Mutter, als sie die vier Freunde sieht.
Lucas schließt kurz die Augen.
Mia bemerkt, dass ihm die Situation ziemlich peinlich ist.
»Sollen wir gehen und das Referat vielleicht morgen weitermachen?«, fragt sie daher.
»Morgen hat mein Luci keine Zeit«, säuselt Lucas Mutter.
Anja Fluge, Lucas Pflegemutter, wird hellhörig und gibt ihrem Mann ein Zeichen. Dieser erhebt sich und zieht sich erst einmal seelenruhig die Handschuhe aus.
»Warum habe ich keine Zeit?«, will Lucas wissen.
»Das interessiert mich auch«, sagt Martin Fluge, Lucas Pflegevater.
»Mein Sohn wird mich nach Berlin begleiten. Wir machen uns eine schöne Zeit zusammen«, lallt Lucas Mutter undeutlich.
»Das glaube ich kaum«, sagt Frau Fluge.
Lucas Mutter legt den Kopf zur Seite. »Du hast mir gar nichts zu sagen, Anja. Wenn ich meinen Sohn sehen will, tue ich das auch.«
»Hast du Drogen genommen?«, fragt Lucas misstrauisch.

Mia und Emma atmen scharf ein. Gespannt warten sie auf eine Antwort.

Lucas Mutter lacht. »Nee, Süßer!«

»Du hast getrunken, Tanja«, mischt sich Lucas Pflegevater ein.

»Nur ein bisschen«, sagt Lucas Mutter und hebt die Hand, um zu zeigen, wie wenig Alkohol sie getrunken hat. »Ich musste mich etwas auflockern.«

Lucas Pflegevater verdreht die Augen. »Tanja, du weißt doch, dass du nicht vorbeikommen sollst, wenn du dicht bist. Fahre bitte zurück nach Berlin und komm wieder, wenn du nüchtern bist!«

»Du«, Lucas Mutter zeigt auf Lucas Pflegevater, »hast mir gar nichts zu befehlen.«

»Du kennst doch die Auflagen vom Familiengericht. Wenn du Alkohol getrunken oder Drogen genommen hast, darfst du Lucas nirgendwohin mitnehmen«, beharrt Herr Fluge.

»Ich bleibe hier, Mutti. Ich möchte nicht mit dir nach Berlin fahren, wenn du was getrunken hast«, sagt nun auch Lucas.

»Keine Sorge, Lucas. Das werden wir auch nicht zulassen«, sagt Herr Fluge.

»Ihr habt nicht das Sorgerecht[3]«, knurrt Tanja Klemmschneider. »Das habe noch immer ich.«

»Das ist nicht ganz richtig, Tanja. Das Aufenthaltsbestimmungsrecht[4] hat das Jugendamt. Und Frau Sorgenfrei

---

[3] Sorgerecht = Per Gesetz haben Eltern die Pflicht und das Recht auf ihr minderjähriges Kind aufzupassen. Das nennt man ›Sorgerecht‹.

[4] Beim ›Aufenthaltsbestimmungsrecht‹ entscheidet derjenige, dem das Recht zugesprochen wurde, wo sich das Kind aufhalten darf. In der Regel sind das die (leiblichen) Eltern.

vom Jugendamt hat ganz klar festgelegt, dass Lucas bei uns wohnt. Du kannst also nicht immer hier auftauchen, wie es dir gerade passt, und deinen Sohn mit nach Berlin nehmen. Das lassen wir nicht zu. Du bringst ihn ganz durcheinander. Und wenn du Drogen oder Alkohol genommen hast«, führt Herr Fluge weiter aus, »dann bist du nicht zurechnungsfähig. Vielleicht läufst du mit ihm vor ein Auto, weil du durch den Alkohol nicht mehr richtig gucken kannst?«

Tanja Klemmschneider plustert sich auf. »Martin, Martin, du guckst zu viel Fernsehen. Ich kann sehr wohl auf mich und meinen Sohn aufpassen.«

»Das hat die Vergangenheit schon anders gezeigt, Tanja«, sagt Lucas Pflegemutter traurig. »Als du ihn das letzte Mal mit in Berlin hattest, hast du auch Drogen genommen und ihn tagelang links liegen gelassen. Lucas hatte nicht einmal mehr etwas zu essen. Vollkommen durchgefroren haben wir ihn bei dir rausgeholt.«

»Ihr übertreibt wirklich maßlos. Ich habe alles im Griff«, beharrt Lucas leibliche Mutter.

»Wenn du alles im Griff hättest, dann hätte das Jugendamt nicht den Großteil des Sorgerechts für Lucas. Dann würde Lucas nicht seit seinem ersten Lebensjahr bei uns wohnen«, entgegnet Martin Fluge reichlich genervt.

Tanja Klemmschneider verschränkt die Arme vor der Brust. »Ich habe vom Jugendamt gehört, dass ihr das Sorgerecht beantragt habt. Ihr wollt mir meinen Sohn wegnehmen.«

Martin und Anja Fluge seufzen beide.

»Nein, wir nehmen dir deinen Sohn nicht weg. Du darfst ihn immer besuchen, wenn das abgesprochen ist«, sagt Martin Fluge.

»Hallo!« Eine Frau winkt vom Gartenzaun aus. Sie öffnet das Gartentor und kommt zur Terrasse. »Frau Klemmschneider! Sie sind auch hier?«
»Uff, die Alte vom Jugendamt«, brummt Lucas Mutter.
Die ›Alte‹ vom Jugendamt räuspert sich. »Ich heiße Lisa Sorgenfrei, wenn es Ihnen nichts ausmacht. Sie haben den Termin morgen beim Familiengericht sicherlich auf dem Plan, oder?«

Lucas Mutter verdreht die Augen. »Warum soll ich da hingehen?«
»Sie müssen nicht kommen«, sagt Lisa Sorgenfrei, »aber morgen entscheidet der Richter, ob ein Teil des Sorgerechts auf Herrn und Frau Fluge übertragen wird und ob die beiden als Vormund eingesetzt werden.«

»Was soll das bitte bringen?«, fragt Lucas Mutter mürrisch.
»Für uns ist es eine große Erleichterung«, sagt Lucas Pflegemutter. »Wir dürfen über Schulangelegenheiten entscheiden. Oder über die medizinische Versorgung von Lucas, wenn er krank ist. Außerdem haben wir dann das Aufenthaltsbestimmungsrecht.«
Eine Augenbraue von Lucas Mutter wandert pikiert nach oben. »Also wollt ihr ihn mir doch wegnehmen! Dann kann ich ihn ja gar nicht mehr mit nach Berlin nehmen.«
»In Anbetracht der Tatsache, dass Sie schon wieder alkoholisiert Lucas besuchen, wäre das auch besser so«, sagt Lisa Sorgenfrei verärgert. »Schließlich hat es seinen Grund, weshalb Sie sich nicht mehr um Lucas kümmern dürfen. Sie halten sich einfach nicht an die Absprachen und Auflagen, die der Familienrichter festgelegt hat. Und das seit elf Jahren.«
Wütend springt Lucas auf. »Ich bin auch noch da! Ihr redet alle, als wenn ich nicht hier wäre. Wieso fragt mich keiner?« Fahrig wischt sich Lucas über die Augen.
Lisa Sorgenfrei lächelt zaghaft. »Entschuldige Lucas, du hast natürlich Recht. Also, was würdest du wollen, wenn du eine Wahl hättest?«
Lucas fällt in sich zusammen, als wenn jemand die Luft aus ihm abgelassen hätte. Erschöpft lässt er sich auf einen Stuhl fallen. »Ich möchte hier bleiben. Ich mag es nicht, wenn meine Mutter Alkohol getrunken hat.«
»Du gehst auch nicht mit, Lucas. Du bleibst hier bei deinen Pflegeeltern«, sagt die junge Mitarbeiterin vom Jugendamt.
Lucas nickt erleichtert.

Mia geht zu ihm und legt ihm bestärkend eine Hand auf die Schulter. Lucas ist die Geste peinlich und so rutscht er auf dem Stuhl nach vorne.
Mia versteht sofort und zieht sich zurück. »Wir gehen dann wohl besser.«
Emma nickt und die Zwillinge folgen den beiden Mädchen.
»Dann kann ich ja auch gehen«, schnappt Lucas Mutter ein und springt von ihrem Stuhl auf. Sie wirft ihn prompt um, lässt ihn liegen und ist auch schon verschwunden.

*** 

»Mia, sag mal, wie läuft es eigentlich in der Schule?«, fragt Mias Papa fast beiläufig. Er nimmt die Grillzange und wendet die Steaks.
Mia füttert Fridolin mit Fisch und gibt Fritz eine Schale mit rohem Putenfleisch.
»Gut.«
Mias Papa grunzt.
»Gut? Ist das alles?«
»Dein Vater möchte wissen, ob es bei dir in der Klasse noch Probleme gibt«, ergänzt Sophie.
Mia angelt sich ein Stück Gurke. »Mir geht es gut. Aber

ich glaube, Michael hat es noch immer schwer. Und in meiner alten Klasse werde ich gemobbt. Sie haben mich als ›*Monster*‹ bezeichnet. Dabei weiß ich gar nicht, was ich denen getan haben soll. Aber Linda meinte, dass Lucy und Mirja schlecht über mich reden. Und nun bin ich nicht zum Klassentreffen eingeladen.«

»Das ist fies von Lucy und Mirja. Ich dachte, ihr seid Freundinnen«, sagt Mias Papa.

Mia zuckt mit den Schultern. »Mirja war nie meine Freundin. Aber von Lucy hätte ich das nicht gedacht. Seitdem sie auf der Realschule ist, haben wir keinen Kontakt mehr.«

»So kann man sich in anderen Menschen täuschen«, mischt sich Sophie ein.

»Und nun gehst du nicht zum Klassentreffen?«, hakt Mias Papa nach.

Mia grinst. »Doch. Ich gehe mit Emma. Sie meinte, wir sollten uns dort kurz blicken lassen. Damit ich meine Selbstachtung nicht verliere.«

Mias Papa hebt die Augenbrauen hoch. »›*Damit du deine Selbstachtung nicht verlierst*‹? Meine Güte, seid ihr schon groß geworden, dass ihr euch mit solchen Dingen herumschlagen müsst.«

»Ich finde die Idee gut«, wirft Sophie ein. »Sonst wird Mia vielleicht immer darüber nachdenken, ob die anderen schlecht über sie reden. Wenn sie sich kurz auf dem Klassentreffen blicken lässt, dann sehen die anderen, dass Mia keine Angst hat und glauben das schlechte Gerede vielleicht nicht mehr.«

»Ich finde es schlimm, dass mich niemand gefragt hat, ob es stimmt, was Lucy und Mirja über mich erzählen«, sagt Mia traurig.

»Das finde ich auch. Aber es zeigt, wie gutgläubig die Menschen sind. Und jeder, der anderen glaubt, ohne sich auch die zweite Seite anzuhören, ist keine einzige Träne wert, mein Schatz«, sagt Mias Papa und streichelt seiner Tochter über den Kopf.
»Genau. Das ist reine Energieverschwendung«, stimmt Sophie ihm zu. »Meine Mutter hat immer gesagt, das sind Energieräuber. Da hilft nur Aussortieren.«
Mia lächelt zaghaft.
»Und warum wird Michael immer noch gemobbt?« Mias Papa nimmt ein Steak vom Rost und legt es Sophie auf den Teller. »Probiere mal bitte, ob es durchgegrillt ist!«
Sophie schneidet das Stück Fleisch an und nickt. »Passt.«
Mia nimmt ihre gegrillte Zucchini und ein kleines Steak entgegen. »Lennard, Boris und Hannes sind ziemlich fies zu ihm. Herr Knabe meinte, er arbeitet an einer Lösung, wie er das stoppen kann.«
»Dann hat Herr Knabe das Anti-Mobbing-Programm gestartet?«, fragt Sophie.
»Nächste Woche kommen irgendwelche Leute. Herr Knabe meinte, das sind Mobbingberater«, antwortet Mia.
»Könnt ihr euch denn nicht gegen die drei Störenfriede zusammentun? Ihr seid doch zweiundzwanzig Schüler in der Klasse«, fragt Mias Papa.
»Das ist nicht immer so einfach, Tom«, mischt sich Sophie ein. Sie deutet mit der Gabel auf ihren Mann. »Wenn die Mobber ihre Macht ausspielen, haben Schüler, die zugucken, oftmals nicht den Mut, sich gegen die vermeintlich starken Typen durchzusetzen.«
»Bin ich froh, dass wir so eine liebe Tochter haben. Mädchen sind da ganz anders«, feixt Mias Papa und zwinkert Mia zu.

Sophie winkt ab. »Täusche dich nicht, Tom! Mädchen sind auch nicht zu unterschätzen…«
»Ich bin doch kein Mobber«, empört sich Mia.
Sophie lächelt und streichelt Mias Schulter. »Nein, natürlich nicht. Ich wollte gerade sagen, dass auch Mädchen sehr gute Mobber sein können. Oft sind die Mädels sehr sprachgewandt und machen ihre Opfer mit Worten fertig. Jungs greifen eher zu körperlicher Gewalt. Sie verprügeln ihre Opfer, nehmen ihnen Sachen weg oder machen etwas kaputt. Mädchen sind in ihrer Rolle eher gefühlskalt.«
»Ich bin nicht gefühlskalt«, sagt Mia und rümpft die Nase. Sie beugt sich vor und gibt erst Fridolin und dann Fritz einen Kuss auf den Kopf. Fridolin gurgelt leise vor sich hin und drückt sich mit seinem Körper gegen Mias Hand.
»Du willst kuscheln, mein kleiner Pinguin, was?«, sagt Mia. Lächelnd zieht Mia Fridolin auf ihren Schoß.
»Nein, Mia, du bist nicht gefühlskalt. Ich habe auch nicht von dir geredet. Aber es gibt Mädchen, die sehr selbstsicher sind. Die sich für etwas Besseres halten und dann recht versteckt fiese Bemerkungen austeilen. Sie sind geschickter im Mobben als Jungs«, sagt Sophie.
»Boris, Hannes und Lennard sind wirklich nicht sehr geschickt«, gibt Mia zu. »Sie haben Michael einen Schuh abgenommen. Und dann haben sie ernsthaft in den Schulrucksack gepinkelt und alle Schulbücher und Hefte damit zerstört«, erzählt Mia angewidert.
Mias Vater lässt vor Ekel fast die Grillzange fallen. »Das ist echt abartig! Der arme Michael!«
Sophie seufzt. »Mir tut der Junge wirklich leid.«
»Was sagt denn Michaels Mutter dazu?«, will Mias Papa wissen.
Mia zuckt mit den Schultern. »Ich glaube, die hat ihre eigenen Probleme. Als ich Michael gemeinsam mit Emma

nach Hause gebracht habe, war sie sehr komisch drauf. Michael hat versucht mit ihr zu reden, aber sie saß nur auf ihrem Sofa und wollte gar nicht richtig zuhören. Und dann hat Michael ihr Geheimnis verraten. Aber wir haben ihr versprochen, ihr Geheimnis nicht weiter zu erzählen.«
»Was für ein Geheimnis?«, fragt Mias Papa misstrauisch.
»Ein gutes oder schlechtes Geheimnis«, mischt sich Sophie ein.
Mia zuckt mit den Schultern. »Keine Ahnung. Sie...sie kann nicht lesen und schreiben.«
»Wow, und das in heutigen Zeiten der Schulpflicht! Das kann ich gar nicht nachvollziehen. Ich meine, Kinder, die nicht zur Schule gehen, können von der Polizei zur Schule gebracht und damit gezwungen werden«, sagt Mias Papa verständnislos.
»Es gibt über vier Millionen Analphabeten in Deutschland, Tom. Irgendwie müssen die ja durchgerutscht sein«, sagt Sophie. »Außerdem gibt es verschiedene Formen von Analphabetismus. Ich glaube, die meisten deutschen Analphabeten verlernen nach der Schule das bisschen, was sie in der Schule gelernt haben. Sie finden keinen Job und als Eltern können sie ihren Kindern natürlich auch nicht mit den Hausaufgaben helfen.«
»Mann, Mann, Mann, nicht alle haben es einfach, was?«, sagt Mias Papa seufzend.
»Ich möchte auch kein Analphabet sein. Du musst deine Unfähigkeit ständig verstecken, kannst nur wenige Jobs machen, ohne aufzufliegen. Das muss eine große Belastung sein«, sagt Sophie.
Tom Maibaum nickt.
»Michael hat übrigens ein sehr merkwürdiges Kinderzimmer«, sagt Mia nachdenklich.
»Wie meinst du das?«, hakt Sophie alarmiert nach.

Mia merkt, dass ihre Stiefmutter ganz erschrocken reagiert hat und wird unsicher.
Soll sie wirklich erzählen, dass Michael die Fotos von seinen drei Mobbern als Zielscheibe nutzt?
»Warum zögerst du?«, wirft Mias Papa ein.
Mia errötet. »Nun«, sie schluckt, »Sophie hat so komisch reagiert.«
Sophie verdreht die Augen. »Entschuldige, Mia. Heraus mit der Sprache! Was ist merkwürdig an Michaels Kinderzimmer?«
»Ich habe nicht sooo viel gesehen«, gibt Mia zu, »aber das, was ich gesehen habe, war eben merkwürdig. An den Wänden hingen Bilder von Lennard, Boris und Hannes.«
Sophie runzelt die Stirn. »Michael hängt sich ausgerechnet Fotos von den Jungs auf, die ihn quälen?« Eine dicke Sorgenfalte erscheint auf Sophies Stirn und sie tauscht einen langen Blick mit Mias Papa aus.
Dieser legt die Grillzange beiseite und setzt sich an den Tisch. »Mia«, er streichelt die Hand seiner Tochter, »bitte erzähle uns, was du gesehen hast. Ich bin sicher, es ist wichtig. Und vielleicht können wir Michael helfen.«
Mia spürt, dass ihre Information wirklich wichtig ist. »Michael nutzt die Fotos als Zielscheibe. Es stecken lauter Pfeile in den Bildern und sogar ein Messer.«
Mias Papa springt nervös auf. »Oha!«, ruft er aus. »Das ist ja ein starkes Stück!«
Mit großen Augen blickt Mia zu ihm auf.
Das Steak auf ihrem Teller ist längst kalt.
»Warum regst du dich so auf?«
Mias Papa versucht, ruhig durchzuatmen. Bevor er die richtigen Worte findet, meldet sich Sophie zu Wort. »Manchmal neigen Menschen, die von anderen über einen langen Zeitraum gequält werden, dazu…«

»Sophie!«, platzt Mias Papa kopfschüttelnd heraus. »Du kannst doch Mia jetzt nichts von einem Amokläufer erzählen! Dafür ist sie noch viel zu klein.«
»Mia ist zwölf, Tom! Warum sollen wir ihr Lügen auftischen? Sie spürt doch, dass wir aufgebracht sind«, verteidigt sich Sophie.
»Aber sie ist noch ein Kind«, erwidert Mias Papa lahm. Seufzend lässt er sich auf seinen Stuhl fallen und stützt sein Gesicht auf.
»Mia wird langsam erwachsen, Schatz!«, sagt Sophie nun sehr leise und einfühlsam. Sie legt ihrem Mann eine Hand auf den Arm. »Und Experten raten dazu, die Wahrheit zu sagen. Ich will ihr nur erklären, was passieren kann. Ich zeige ihr ja keine Bilder und ich erkläre auch keine Details.«
»In Ordnung«, erwidert Mias Papa niedergeschlagen.
Nervös blickt Mia zwischen ihren Eltern hin und her. Warum machen sie so ein Geheimnis aus der Antwort? Ist es so schlimm, dass Michael die Fotos seiner Mobber mit Pfeilen durchbohrt? Deshalb ist er doch nicht gleich kriminell.
»Es ist in der Vergangenheit durchaus vorgekommen, dass junge Menschen, die in der Schule gemobbt wurden, plötzlich Amok gelaufen sind«, fängt Sophie an.
»Amok?«, platzt Mia erschrocken heraus. Ängstlich schlägt sie sich die Hand vor den Mund. An die Möglichkeit hatte sie bisher noch nicht gedacht.
»Siehst du, Sophie! Mia weiß damit gar nichts anzufangen und nun machen wir ihr Angst«, beschwert sich Mias Papa.
Sophie schüttelt den Kopf. »Aber nein, Tom! Natürlich weiß Mia, was ein Amoklauf ist.«
»Weißt du das wirklich?«, fragt Mias Papa ungläubig.

Mia nickt. »Wenn jemand in die Schule geht und dort Menschen erschießt.«

Überrascht bläst Mias Papa die Backen auf. »Uff! Woher weißt du das?«

»Wenn man die ganze Zeit immer von irgendwas hört, weiß man das«, sagt Mia. »Außerdem habe ich ein Smartphone.«

»Tom«, sagt Sophie eindringlich, »die Nachrichten sind doch voll davon. In den vergangenen Jahren ist es so oft vorgekommen, dass jemand durchgedreht ist und andere Menschen mit Waffen verletzt oder getötet hat. Natürlich weiß Mia darüber auch Bescheid. Außerdem hat sie Internet auf dem Smartphone. Bei ihr werden die Blitznachrichten genauso aufleuchten, wie auf unseren Mobilgeräten.«

»Meine kleine, unschuldige Tochter!« Schnell blinzelt Tom Maibaum eine Träne weg. »So jung und schon so aufgeklärt.«

»Papa!« Mia ist entrüstet.

Manchmal benimmt sich ihr Papa, als wenn er vom Mond käme oder sie noch ein Baby wäre.

»Weißt du, Mia, viele denken immer, dass Amokläufe an Schulen überraschend kommen«, wirft Sophie ein. »Aber der Eindruck täuscht. Viele Täter bereiten ihren Amoklauf vor und geben sogar manchmal ihre Pläne im Internet preis«, erklärt sie. »Wir haben hier offensichtlich einen recht schwerwiegenden Fall von Mobbing in deiner Klasse. Und wenn Michael seine seelischen Schmerzen so ausgleicht, dass er sich mit den Pfeilen im Foto der drei Jungs rächt, dann ist es nicht mehr weit, bis was passieren kann.«

»Gab es nicht so ein Forschungsprojekt an den Schulen hier?«, hakt Mias Papa nach.

Sophie nickt. »Ja. Es heißt ›*NETWASS*[5]‹.«
»Was bedeutet das denn?«, fragt Mia neugierig nach.
»›*Networks Against School Shootings*‹«, sagt Sophie. Da sie selbst als Lehrerin an einer Brandenburger Schule arbeitet, kennt sie das Projekt.
»Was heißt das, Mama?«
»›*Netzwerk gegen Schulschießereien*‹«, übersetzt Sophie.
»Und was ist das für ein Netzwerk?«, bohrt Mia weiter nach.
»Es soll helfen, Amokläufe an Schulen zu verhindern. Dabei können alle mithelfen: Eltern, Schüler und Lehrer. Sobald jemandem auffällt, dass sich ein Schüler zurückzieht, in der Schule plötzlich schlechte Noten schreibt, Selbstmordabsichten äußert oder mit Gewalt droht, tritt das Projekt in Kraft«, sagt Sophie. Sie schiebt sich schnell Mias kaltes Steak in den Mund und zwinkert ihrer Stieftochter zu. »Papa gibt dir bestimmt ein warmes Steak.«
»Was müssen denn die Menschen machen, wenn sie so eine Krise wittern?«, fragt nun auch Mias Papa.
»Also, das Projekt besteht aus vier Schritten: Erstens: Alle sollen genau hinschauen. Zweitens: Wenn jemand auffällig wird, muss das dem Ansprechpartner vom Projekt an der Schule gemeldet werden. Drittens: Dann werden die Informationen ausgewertet und ein Team, welches man ›*Krisen-Präventionsteam*‹[6] nennt, setzt sich zur Beratung zusammen«, antwortet Sophie.

---

[5]https://www.sifo.de/de/netwass-networks-against-school-shootings-1973.html

[6] Eine ›*Krise*‹ ist eine gefährliche Lage. ›*Prävention*‹ ist eine Maßnahme, um etwas Schlimmes zu verhindern. Ein ›*Krisen-Präventionsteam*‹ ist demnach eine Gruppe von Leuten, die versucht, Schlimmes in einer gefährlichen Lage zu verhindern.

Fritz stupst Mia an. Geistesabwesend streichelt Mia ihren Uhu, während sie gespannt darauf wartet, was man als nächstes machen muss.

»Das Team besteht meistens aus der Schulleitung, aus Lehrern und einem Schulpsychologen«, fährt Sophie fort. »Und als letztes überlegen sie sich, wie sie dem Schüler helfen können und begleiten die Maßnahmen.«

»Und das hat Erfolg?«, fragt Mias Papa skeptisch.

Sophie schneidet eine Grimasse. »Nun, es ist ja noch in der Testphase. Aber dieser Ansatz der Früherkennung wird bereits in drei Bundesländern umgesetzt. Es muss also erfolgreich sein. Sonst würde man nicht so viel Zeit und Geld darin investieren.«

»In welchen Bundesländern?«, will Mias Papa wissen.

»Berlin, Brandenburg und Baden-Württemberg«, antwortet Sophie. »Über 100 Schulen sind daran beteiligt.«

»Das ist aber nicht viel«, bedauert Mias Papa.

»Nein, es könnten mehr sein«, stimmt Sophie zu.

»Das heißt, wir müssen unsere Beobachtungen der Schulleiterin melden?«, fragt Mia nachdenklich.

Sophie lächelt und streichelt Mia über den Kopf. »Du bist so ein schlaues Mädchen! Genau, Mia. Wir werden Frau Hafer und Herrn Knabe informieren.«

***

Mia und Emma sitzen auf der Fensterbank in Mias Zimmer und trinken eine Tee.

»So ein verlängertes Wochenende ist einfach herrlich«, sagt Emma. Schwärmerisch verdreht sie die Augen. »Die Lehrer könnten ruhig öfters Fortbildungen haben, wenn wir dann einen beweglichen Ferientag bekommen.«

Mia angelt sich ein Weingummi-Einhorn. »Stimmt. Wir hatten in den letzten zwei Wochen echt viele Klassenarbeiten zu schreiben. Herr Knabe ist ein bisschen strenger als in der Grundschule. Der heutige freie Freitag ist purer Luxus.«

»Ich glaube, Herr Knabe kann nichts dafür. Die Anzahl der Arbeiten steht im Lehrplan«, entgegnet Emma schmatzend. Auch sie hat sich aus der Schale mit den Weingummis bedient.

Plötzlich klopft es an Mias Zimmertür.

Erschrocken zucken die Mädchen zusammen.

Ein Kopf taucht auf.

»Linda!« Mia lächelt erfreut und springt von der Fensterbank.

»Hi!«

»Ich habe gar keine Klingel gehört«, sagt Emma verwundert.

»Wer hat dich reingelassen?«, fragt Mia verwirrt.

»Kunststück! Dein Papa ging gerade zum Tor und hat Müll rausgebracht. Er hat mich gleich ins Haus gelassen«, erwidert Linda.

»Mein Vater ist zuhause?«, fragt Mia verwundert. »Mach es dir schon einmal gemütlich! Ich laufe kurz runter.«

Mia läuft die Treppe hinunter und findet ihren Vater im Büro im Erdgeschoss. Er sitzt am Schreibtisch und schreibt einen Brief am Computer.

»Papa! Du bist zuhause?«, platzt Mia herein.

Tom Maibaum blickt auf. »Mia, mein Schatz! Ja. Ich hatte Kopfschmerzen und bin nach Hause gegangen.«

»Du hast in letzter Zeit recht häufig Kopfschmerzen. Oder Bauchweh«, stellt Mia verwundert fest.

Mias Vater dreht sich vom Schreibtisch weg. »Ich suche einen neuen Arbeitsplatz.«

»Was? Warum? Bist du gekündigt worden?« Vor Schreck muss sich Mia erst einmal setzen. Sie pflanzt sich auf den Sessel gegenüber vom Schreibtisch.
Mias Papa schüttelt den Kopf. »Nein. Das bin ich nicht. Aber ich werde schon sehr, sehr lange gemobbt.«
Mia schneidet eine Grimasse. »Duuu? Aber du bist doch erwachsen, Papa. Und du bist nett.«
Mias Papa lacht höhnisch. »Schön, wenn das ein Ausschlusskriterium wäre. Aber leider werden auch Erwachsene am Arbeitsplatz gemobbt. Mobber am Arbeitsplatz schikanieren ihre Opfer meistens so lange, bis diese selbst das Feld räumen.«
Mia nimmt sich den Anti-Stress-Ball aus dem Regal und knetet darauf herum. »Wie mobben sich denn Erwachsene? Prügeln sie sich? Oder klauen sie sich gegenseitig Sachen?«
»Nicht ganz, Mia. Die Mobber streuen Gerüchte, um ihre Kollegen in ein schlechtes Licht zu rücken. Sie enthalten ihnen wichtige Informationen vor oder sprechen sich gar nicht erst mit ihren Kollegen ab, damit die Opfer Fehler machen«, erklärt Mias Papa.
»Und wie war das bei dir?«, will Mia wissen.
»Wie du weißt, verdiene ich ein festes Gehalt. Aber für die Werbeaufträge bekomme ich zusätzlich eine Provision. Manche Kollegen sind neidisch, weil ich viele Aufträge an Land ziehe und versuchen, mir die Aufträge wegzunehmen. Und der Chef hat leider kein Rückgrat. Er lässt es zu. Erst gestern haben sie mir einen großen Auftrag weggenommen, von dessen Provision wir in den Urlaub hätten fahren können. Sie haben sich einfach beim Chef beschwert, dass ich zu viele Aufträge habe.«

»Ich wusste gar nicht, dass sich auch Erwachsene am Arbeitsplatz mobben. Das macht nicht gerade Lust auf die Arbeitswelt«, sagt Mia nachdenklich.

»Es ist auch nicht überall so, Mia. Keine Angst! Aber wenn man die Fälle mal betrachtet, ist es schon irgendwie erschreckend. Man schätzt die Zahlen der Arbeitnehmer in Deutschland, die von ihren Kollegen und auch von ihren Chefs schikaniert werden auf über eineinhalb Millionen. Das sind Wirtschaftsschäden in Milliardenhöhe. Die Menschen werden ja durch das Mobbing auch krank. Das heißt, die Krankenkassen müssen mehr für Arztbesuche und Krankmeldungen bezahlen«, erklärt Mias Vater. »Eigentlich müssten sich viel mehr Firmen zum Thema Mobbing schulen lassen. Aber, aus mir nicht erklärlichen Gründen, haben nur wenige Firmen Anti-Mobbing-Berater oder Schulungen zu dem Thema. Sie nehmen es lieber in Kauf, dass die Mitarbeiter krank werden oder Fehler machen.«

Mia rubbelt sich nachdenklich über die Nase. »Was bekommen Erwachsene denn für Krankheiten, wenn sie gemobbt werden?«

»Das ist ganz unterschiedlich. Oft sind sie nervös, verzweifelt, depressiv und ängstlich. Sie können sich nicht mehr konzentrieren und machen Fehler bei der Arbeit. Und dann bekommen sie Magen- und Kopfschmerzen, Übelkeit, Atemnot, Schwindel, Schlaf- und Essstörungen und einige werden sogar so krank, dass sie für immer arbeitsunfähig werden«, antwortet Mias Vater.

Mia schüttelt den Kopf. »Die Menschen sind doch blöd! Und die Chefs sind noch viel blöder. Sie nehmen lieber kranke Mitarbeiter und schlechte Arbeit in Kauf, statt die Mobber zu stoppen oder hinauszuwerfen.«

»Ja. Ich habe auch keine Antwort darauf, warum die Firmen nicht reagieren. Aber ich weiß eines: Ich halte es in meiner Firma nicht mehr aus. Seit mehr als zwei Jahren geht das nun schon so.« Mias Papa seufzt. »Ich muss da raus, bevor ich ernsthaft krank werde.«

»Armer Papa! Und nun musst du dir einen neuen Job suchen, weil du blöde Kollegen hast?« Mia steht auf und umarmt ihren Papa. »Die wissen es gar nicht zu schätzen, wie gut du bist.«

»Mein Chef weiß es offenbar nicht zu schätzen. Und das ist das Allertraurigste daran.« Mias Papa gibt seiner Tochter einen Kuss. Dann wendet er sich wieder dem Computer zu. »So, nun muss ich weitersuchen. Ich will so schnell wie möglich kündigen und neu starten.«

»Viel Erfolg, Papa«, sagt Mia und winkt ihrem Papa zu. Nachdenklich geht sie nach oben in ihr Zimmer zurück.

»Was verschlägt dich zu uns?«, wendet sich Mia an Linda. Sie füllt einen weiteren kleinen Glasteebecher, den sie aus der Küche mitgebracht hat.

»Ich habe tolle Neuigkeiten«, platzt Linda heraus.

Mia und Emma machen neugierige Gesichter.

»Na, nun erzähl schon!«, fordert Emma sie auf.

Linda setzt sich auf ein Sitzkissen. »Ich habe eine Schwester.«

»Waaaas?«, platzt Mia heraus. »Aber deine Mutter war doch gar nicht schwanger, oder? Sie war doch die ganze Zeit arbeiten. Und einen dicken Bauch hatte sie auch nicht.«
Linda schüttelt den Kopf. »Sie heißt Manuela und ist acht Jahre alt.«
»Seit wann sind Geschwister so groß, wenn sie geboren werden?«, hakt Emma leicht begriffsstutzig nach.
Linda lacht. »Sie kommt aus dem Kinderheim. Sie ist ein Pflegekind.«
Mia und Emma machen große Augen. »Du hast eine Pflegeschwester bekommen?«
Linda nickt eifrig. »Ja, endlich bin ich nicht mehr so allein.«
»Du bist doch nicht allein«, widerspricht Mia. »Du hast doch uns!«
Linda schüttelt den Kopf. »Das ist nicht dasselbe. Eine Schwester oder einen Bruder zu haben, ist etwas ganz anderes. Das ist Familie. Zusammenhalt…«
»Ich weiß schon, was du meinst«, unterbricht Emma sie. »Ich bin auch ein Einzelkind und das ist manchmal richtig blöd.«
»Glaubt mir, mit Geschwistern ist es auch nicht immer leicht«, sagt Mia und reicht Linda die Schale mit den Weingummis.

## Mobbingberater

»Guten Morgen«, sagt Herr Knabe und lächelt in die Runde. Hinter ihm tauchen zwei Leute auf, ein Mann und eine Frau. Die Kinder vergessen vor Schreck glatt, zurück zu grüßen.
Der fremde Mann hat riesige Ohrläppchen, in denen sich große, tellerartige Ohrringe befinden. Seine braunen Haare stehen in alle Richtungen ab, als hätte er morgens keine Haarbürste gefunden. Die Frau hat ihre langen Haare in Regenbogenfarben gefärbt und sieht damit fast aus wie ein pummeliges Regenbogeneinhorn.
»Darf ich euch zwei Mitarbeiter vom Verein ›*Contravis - Schule ohne Mobbing*‹ vorstellen? Das sind Nicolina Grün und Mick Haase.«
»Guten Morgen!«, antworten einige Schüler der Klasse 6b.
»Ich habe mir bereits das Wochenende um die Ohren geschlagen, um mich von den beiden ausgiebig zum Thema ›*Mobbing*‹ schulen zu lassen«, erzählt Herr Knabe, während er sich auf seinen Tisch setzt.
Zweifelnd schauen die Schüler auf die zwei Sozialpädagogen, die sich beide jeweils verkehrt herum auf einen Stuhl setzen. Mick Haase macht eine riesige Kaugummiblase.
»Moin, moin, Kids«, sagt er und grinst schief.
»Kaugummi ist in der Schule verboten«, platzt Michael heraus.
Mick Haase nickt. Er steht auf und legt seinen Kaugummi auf Michaels Platz. »Gut. Dann bringe ihn doch bitte in den Mülleimer. Ich kenne mich hier noch nicht aus.«
Michael bleibt vor Schreck der Mund offen stehen.

Emma knurrt leise. »Das wirst du nicht entsorgen, Michael! Das ist Schweinkram!«
Erstaunt blickt Michael zur Seite.
»Pippi Langstrumpf hat hier also das Sagen?«, fragt Mick Haase und zwinkert Emma zu. »Dann sag es doch laut.«
Emma verschränkt wütend die Arme vor der Brust. »Michael wird Ihren ekligen Kaugummi nicht in den Mülleimer bringen. Das werden Sie hübsch selber machen.«
Mick Haase lächelt schief, steht aber auf und bringt seinen Kaugummi selbst in den Mülleimer, der an der Eingangstür steht. Dann holt er eine Flasche Bier aus seinem schäbigen Rucksack, öffnet sie und trinkt einen mächtigen Schluck. Kaum hat er die Flasche wieder abgesetzt, rülpst er laut und deutlich. Er angelt eine Packung Zigaretten und steckt sich eine Zigarette in den Mund.

Herr Knabe räuspert sich. »Das Rauchen ist in der Schule aber nicht gestattet.«
Mick Haase nickt. Er klemmt sich die Zigarette hinters Ohr und steht auf. Schweigend schreibt er seinen Namen an die Tafel, aber so krakelig, dass man ihn kaum lesen kann. Dann kratzt er sich vorne an der Hose herum, als würde er damit einen Preis gewinnen wollen.
Den Kindern stehen die Münder offen, doch bevor irgendjemand reagieren kann, hebt der Sozialpädagoge die Hand und verlässt das Klassenzimmer.

»Mann, was war das denn für ein Typ?«, platzt Lennard heraus. »Der hat sich am Sack gekratzt, als hätte der Läuse.«

»Und hast du diese Ohrringe gesehen? Wie bei einem Buschmann«, fügt Hannes lachend hinzu.

»Ich fand ihn auch unmöglich. Und so ein Typ soll Schulen von Mobbing befreien?«, bemerkt Emma, die noch immer ziemlich wütend ist.

Nicolina Grün meldet sich zu Wort. »Guten Morgen, ich bin Nicolina Grün. Ich möchte mich nicht für das Auftreten meines Kollegen entschuldigen. Vielmehr möchte ich von euch wissen, was ihr gefühlt habt, als ihr ihn eben erlebt habt.«

»Dann war das also eine Falle?«, hakt Linda nach. »Das finde ich nicht witzig.«

Nicolina Grün wirft ihre bunten Haare zurück und schreibt ›*nicht witzig*‹ an die Tafel.

Mia meldet sich. »Ihr Kollege hatte kein Benehmen. Man rülpst doch nicht einfach so herum.«

›*Kein Benehmen*‹ notiert die junge Frau.

»Genau, das ist eklig«, fügt Nils hinzu.

›*Eklig*‹ schreibt die Sozialpädagogin an die Tafel.

Emma meldet sich nun auch. »Er hatte keinen Respekt vor uns. Das hat mich sehr wütend gemacht.«

Nicolina Grün nickt lächelnd. Sie schreibt ›wütend‹ und ›respektlos‹ an die Tafel. »Das sind wichtige Punkte.« Sie blickt im Klassenzimmer umher. »Und ist euch noch etwas aufgefallen?«

»Emma hat mir geholfen«, sagt Michael kaum hörbar. Die Situation mit dem Kaugummi hat ihn so unter Stress gesetzt, dass er gleich sein Salamibrot herausholen musste und nur noch eine günstige Gelegenheit abwartet, um hineinzubeißen.

»Genau«, sagt Nicolina Grün. »Emma hat dir geholfen. Was wäre sonst passiert?«

Michael rümpft die Nase. »Sonst würde das Kaugummi noch immer hier liegen.«

»Findest du das nicht gut?«, hakt die Sozialpädagogin nach.

Michael schüttelt den Kopf.

Emma prustet lauthals los. »Wollen Sie uns veralbern? Wer findet es bitte toll, wenn er den durchgekauten Kaugummi von einem anderen auf den Tisch gelegt bekommt?«

»Niemand«, ist sich die Klasse einig.

Es klopft an der Tür.

»Herein!«, ruft Herr Knabe.

Ein junger Mann in schwarzem Anzug und weißem Hemd betritt den Raum. Seine braunen Haare sind ordentlich gestylt nach hinten gekämmt, in den Händen hält er einen Aktenkoffer.

Die Schüler stutzen.

Er sieht fast so aus wie der Typ von eben.

»Guten Morgen!«, sagt der Mann.

Er lächelt.

Emma durchschaut ihn als Erste. »Sie sind doch der unmögliche Typ von eben, oder nicht?«

Der Mann schüttelt den Kopf. Er stellt seinen Aktenkoffer ab und richtet seine Krawatte. »Nein, ich bin Mike Haase.«

»Der will uns doch verarschen«, knurrt Thomas wenig begeistert.

Der Mann holt seinen Ausweis aus der Tasche und legt ihn Thomas vor die Nase. Reichlich genervt beugt sich Thomas vor und liest. »Mike Haase. Stimmt.«

»Dann haben Sie sich eben umgezogen«, bemerkt Boris verächtlich.

»Nein. Das habe ich nicht. Seht her, ich trage keine Ohrringe!« Er deutet auf seine Ohren, die tatsächlich unversehrt sind.

»Ohrlöcher kann man nicht verschwinden lassen«, weiß Mia.

»Und schon gar nicht so riesige wie die von dem komischen Typen«, fügt Lennard hinzu.

Es klopft erneut.

Ohne abzuwarten, wird die Tür aufgerissen und der schmierige Typ mit der Igelfrisur und den riesigen Ohrringen betritt das Klassenzimmer. »Ich musste pissen. Zu viel Bier.« Grinsend fläzt er sich auf einen der Tische.

Angewidert zuckt Nils zurück und rettet seine Schulsachen vor der Berührung des Mannes.

»Das sind Zwillinge«, ruft Lucas.

»Glaubt ihr mir nun, dass ich nicht Mick bin?«, fragt Mike Haase.
Die Schüler nicken schweigend.
Nicolina Grün deutet auf die Tafel. »Dein Bruder hat sich nicht von seiner besten Seite gezeigt«, sagt sie.
Mick springt auf und zieht sich geräuschvoll die Nase hoch. »Ey, Kleine, natürlich habe ich das.«
»Das war Ihre beste Seite?«, wagt sich Emma vor.
Der Typ blitzt Emma an. »Ey, Pippi, du willst meine schlechte Seite gar nicht kennenlernen.«
»Wir sind eineiige Zwillinge«, sagt Mike Haase steif und schickt seinen Bruder zurück auf seinen Stuhl.
»Kaum zu glauben«, kichert Nils.
Vielsagend blickt er seine Zwillingsschwester an.
Amelie verdreht die Augen. »Stimmt.«
»Warum, ey?«, will Mick Haase wissen.
»Weil sich Zwillinge eigentlich ähnlich sind. Aber Sie«, Nils deutet auf die beiden Männer, »sind sich überhaupt nicht ähnlich.«
»Ich sehe nur ein bisschen anders aus«, wirft Mick Haase ein.
»Naja«, sagt Emma und schnalzt mit der Zunge, »Sie haben auch kein Benehmen. Im Gegensatz zu Ihrem Bruder.«
»Woran machen wir also fest, ob wir jemanden mögen?«, fragt Nicolina Grün.
Nachdenklich hebt Mia die Hand. »Wir scannen die Person.«
Überrascht hebt die Sozialpädagogin die Augenbrauen. »Scannen?«
»Ja. Wir checken, ob er so aussieht, dass er uns gefällt und ob er sich gut benimmt«, sagt Mia.

Nicolina Grün nickt anerkennend. »Genau. Der Mensch muss unseren Vorstellungen entsprechen. Und wenn er unseren Ansprüchen nicht genügt? Wenn er bunte Haare hat?« Sie greift sich in ihre Regenbogenmähne. »Oder riesige Tunnel im Ohr?« Sie deutet auf ihren Kollegen. »Gefällt euch Mike Haase also besser in seinem Anzug?«
»Ja«, antworten die Schüler fast einstimmig.
»Warum?«, will Nicolina Grün wissen.
»Er sieht ordentlich aus und hat Manieren«, wirft Linda ein.
»Wenn ich euch jetzt sage, dass ihr heute mit Mick arbeiten müsst, weil Mike leider noch Termine hat, seid ihr dann einverstanden?«, fragt Nicolina Grün.
Ein paar Jungs lachen leise auf, der Rest der Klasse ist sich einig. »Wir wollen nicht mit Mick zusammenarbeiten.«
»Ihr schließt ihn also aus, weil er anders ist?«, stellt die junge Frau in den Raum.
Nun rutschen bereits die ersten Schüler nervös auf ihren Plätzen herum.
Amelie meldet sich. »Ich bin auch anders. Ich lebe in einer Regenbogenfamilie. Aber damit tue ich niemandem weh. Mick aber ist nicht nett gewesen. Es ist Schweinkram, einem fremden Kind einen durchgekauten Kaugummi auf den Tisch zu legen.«
Nicolina Grün nickt. »Dann darf ich als Mensch also anders sein?«
Amelie nickt.
»Ja«, meldet sich ihr Zwillingsbruder zu Wort, »aber unsere Mütter sagen immer, die Freiheit eines Menschen hört bei der Freiheit eines anderen Menschen auf.«

»Dann hat Mick also eure Freiheit eingeschränkt, indem er sich schlecht benommen hat?«, will der Zwilling im schicken Anzug wissen.

Mick Haase verdreht die Augen. »Mensch, Kinder, nun stellt euch doch nicht so an! Gebt mir eine Chance! Es tut mir leid, dass ich mich so aufgeführt habe. Ich gelobe Besserung. Ich fühle mich von euch ja fast schon gemobbt.«

»Mobbing ist ein gutes Stichwort. Gibt es Mobbing in eurer Klasse?«, fragt Nicolina Grün und schaut fragend in die Runde.

Die Schüler schweigen betreten.

Dann meldet sich Linda. »Michael«, sagt sie leise.

»Wer von euch…«

»Der dort«, beantwortet Lennard ihre Frage, bevor sie sie zuende gestellt hat.

»Warum mobbt ihr Michael?«, will Nicolina Grün wissen.

Hannes, Boris und Lennard werfen sich quer durch den Raum vielsagende Blicke zu.

Michael läuft hochrot an. Sein angebissenes Salamibrot nestelt er viel zu laut in die Brotbox zurück.

»Ständig frisst er in der Schulstunde Wurstbrote«, sagt Hannes genervt.

»Er ist dick«, wirft Boris ein.

»Ich bin auch dick«, sagt Nicolina Grün, »und ich sehe aus wie ein moppeliges Einhorn mit Regenbogenmähne. Nur ohne Horn. Wollt ihr mit mir auch nicht zusammenarbeiten?«

Die Jungs grunzen leise, aber keiner antwortet.

Mike Haase räuspert sich. »Du, du und du. Ihr drei kommt bitte nach vorne.«

Lennard, Nils und Michael erheben sich und schlurfen lustlos nach vorne. Michael ist dabei stets darauf bedacht, Lennard nicht zu nahe zu kommen.

Mike Haase stellt Michael und Nils auf einen Stuhl. Beide müssen sich eine Königrobe überziehen, während Lennard einen Bettlerumhang bekommt und einen Bart tragen muss.

»Lennard, du bettelst den König und seinen Sohn an. Während der König dich loswerden will, versucht Nils als Prinz zu vermitteln«, sagt Herr Knabe, der bisher nur stumm zugeschaut hatte.

»Bitte gebt mir etwas zu essen«, sagt Lennard halbherzig.

Michael streckt seinen Rücken durch. Er verzieht das Gesicht zu einer Grimasse. »Sohn, hast du gehört, was der schäbige Bettler von uns will?«

»Er will Essen haben, Vater.«

Michael lacht hämisch auf. »Essen? Dann soll er arbeiten gehen.«

Lennard fühlt sich schäbig in dem alten, dreckigen Umhang. »Wieso muss ich den dummen Bettler spielen? Warum bin ich nicht der König?«, ruft er missvergnügt.

Mike Haase lächelt leicht

arrogant. »Ich glaube, du bist im realen Leben bereits der König, oder? Geben wir doch Michael mal die Chance, sich besser zu fühlen.«

Lennard schneidet eine Grimasse.

»Wirf ihn hinaus, Sohn!«, sagt Michael mit eiskalter Stimme.

Gebannt starren die Schüler nach vorne.

»Aber Vater, vielleicht kann er in der Küche arbeiten und dann etwas Suppe bekommen«, lenkt Nils ein.

»Suppe? Dieser faule, dreckige Nichtsnutz will etwas von meiner teuren, kostbaren Suppe? Niemals!«, brüllt Michael nun mit lauter Stimme durch die Klasse.

Alle Kinder sind beeindruckt.

Niemand hätte Michael so viel schauspielerisches Talent zugetraut.

Lennard schrumpft immer weiter in sich zusammen.

»Du hast Hunger! Bettel weiter!«, befiehlt Mike Haase.

Lennard schluckt. »Hunger. Ich habe seit Tagen nichts gegessen. Bitte lasst mich für Euch arbeiten!«

»Niemals! Du bist ein elendiger Bettler. Wo sind deine Frau und deine Kinder? Wieso arbeitest du nicht wie der Rest meines Volkes?«

»Meine Frau starb bei der Geburt unseres letzten Kindes. Ich muss die Kinder versorgen. Ich kann nicht den ganzen Tag arbeiten«, wirft Lennard ein.

»Waaas?«, ruft Michael außer sich. Fast plumpst ihm die goldene Krone vom Kopf. »Ihr habt hungrige Kinder zuhause und wagt es, nur Essen für euch selbst zu erbetteln?«

Lennard sackt fast in sich zusammen.

»Vater, lass ihn arbeiten! Dann bekommt er das Essen für seine Kinder«, sagt Nils ebenso eingeschüchtert.

Michael schüttelt den Kopf. »Wachen? Wachen! Führt ihn ab!«
Boris und Hannes springen auf und packen ihren Freund Lennard an den Oberarmen.
Überrascht schauen die Erwachsenen der Szene zu.
»Wir haben keine Wachen eingeteilt«, sagt Nicolina Grün schließlich.
»Jemand muss die Drecksarbeit doch machen«, rechtfertigt Hannes sein Handeln grinsend.
»Lass mich los, du Penner!«, ruft Lennard wütend. »Was bist du für ein Freund? Du willst mich in den Kerker werfen?«
»Stopp!«, ruft Nicolina Grün. »Wie ihr gesehen habt, haben wir nur etwas Kleidung und eine grobe Richtung vorgegeben, wie sich das Rollenspiel entwickeln soll. Was ist hier passiert?«
Linda meldet sich. »Lennard ist plötzlich in der Rolle des Opfers. Er ist hässlich und arm.«
»Das bin ich überhaupt nicht«, ruft Lennard verärgert.
Nicolina Grün legt einen Finger auf ihre Lippen. »Leise, Lennard! Du bist jetzt nicht dran. Warte bitte noch!«
Amelie meldet sich. »Und Michael ist plötzlich ein König.«
»Er hat die Macht«, quatscht Emma grinsend rein.
»Genau«, sagt Nicolina Grün, »Michael ist auf einmal mächtig. Alle müssen ihm gehorchen. Niemand darf ihm widersprechen.« Sie wendet sich an die Schauspieler. »Wie habt ihr euch gefühlt?«
Nils zuckt mit den Schultern. »Ein wenig hilflos als Prinz.«
Die Sozialpädagogin nickt.

»Scheiße«, ruft Lennard und reißt sich wütend Bart und Umhang ab. Beides wirft er mit voller Wucht auf den Boden. »Klein sein ist Mist!«

»Und du, Michael?«, fragt Mike Haase.

Michael strahlt. Er steht noch immer mit stolzgeschwellter Brust in seinem Kostüm mit der Krone auf dem Kopf auf dem Stuhl. »Ich fühle mich verdammt gut! Ich will nie wieder jemand anderes sein.«

»Gut, dann setzt euch bitte alle zurück auf eure Plätze!«, sagt Nicolina Grün. »Das, was ihr eben gesehen habt, nennt man ›Dynamik‹. Da hat sich etwas zwischen den Rollenspielern entwickelt, was wir von außen gar nicht beeinflussen konnten. Michael, der sonst oft Opfer von Mobbing ist, war ein König und plötzlich selbst in der Lage, auf sich aufzupassen. Und Lennard, der sonst eher in der Position des Stärkeren ist, war mit einem Mal in der Opferrolle.«

Es klingelt zur Pause.

»In der nächsten Stunde sehen wir uns ein Video an und morgen kommen wir zur Theorie«, ruft Herr Knabe gegen den Lärm an.

***

Mias Papa legt das Handy beiseite und lächelt. »Es gibt Entwarnung im Zoo.«

Sophie blickt von ihrer Näharbeit auf. »Haben Sie den Krankheitserreger gefunden, der die Pinguine krankgemacht hat?«

Mias Papa nickt. »Ja. Die Tierärztin meinte, es sei eine bakterielle Infektion in Verbindung mit einer Pilzinfektion gewesen.«

Mia pustet die Backen auf. »Wo kommt die Infektion denn her?«

Mias Papa zuckt mit den Schultern. »Sie wissen nicht, ob die Keime im Futter, im Poolwasser oder in der Umgebungsluft waren. Offenbar hatten sie ein paar neue Pinguine aus einem anderen Tierpark bekommen und vermuten nun, dass der Stress der Zusammenführung zu dem Infekt geführt hat. Und dann kam einfach der Schimmelpilz oben drauf.«

»Und wann soll Fridolin wieder zurück in den Zoo?«, fragt Mia. Sie blickt auf die Wiese, wo der Pinguin mit dem Uhu mehrere bunte Bälle durch die Gegend kickt.

»Wir können Fridolin mit den drei Kleinen am Sonntag zurückbringen«, sagt Mias Papa.

»Und was ist mit dem Ei, das Fridolin ausbrütet?«, hakt Sophie nach.

Mia geht zur Terrassentür. »Fridolin spielt Ball. Entweder hat er das Brüten aufgegeben oder wir haben nicht bemerkt, dass das Pinguinbaby schon geschlüpft ist.« Sie öffnet die Tür und geht nachsehen. Im Stroh sieht sie einen kleinen Pinguin liegen. Munter schaut er sie an.

Für den Fall, dass Fridolin das Ei zuende ausbrütet, hatte Karl ihr eine Futtermischung mitgegeben.

Eilig läuft Mia ins Haus. »Das Pinguinbaby ist da!«

Sophie legt ihre Nähsachen weg. »Dann werde ich gleich mal die Futtermischung für das Baby anrühren.«

Erfreut klatscht Mia in die Hände. »Das ist sooo aufregend! Ich freue mich. Der Kleine ist richtig niedlich.«

»Vielleicht ist es auch ein Mädchen«, witzelt Mias Papa.

»Egal«, sagt Mia, »Hauptsache, es ist gesund.«

***

»Guten Morgen!«, sagt Herr Knabe.
Normalerweise wirft er seine Ledertasche mit Schwung auf das Lehrerpult, aber heute stellt er die Tasche so vorsichtig auf einen Stuhl, dass die Schüler vor lauter Staunen vergessen, zurück zu grüßen.
Mit dem Gewicht des Jahrhunderts seufzt der Lehrer und legt einen Stapel Briefe auf den Tisch. »Ich weiß, ihr habt erst im letzten Schuljahr einen schweren Verlust durchgemacht…«
Erschrocken schauen sich die Schüler im Klassenzimmer um. Jeder scannt den Raum im Eiltempo mit seinen Augen, ob ein Schüler fehlt.
Herr Knabe hebt eine Hand. »Es betrifft keinen Schüler aus unserer Klasse.«
Mia und ihre Freunde atmen erleichtert auf.
Lennard murmelt eine fiese Bemerkung vor sich hin, die nur Boris zu verstehen scheint, denn er grinst still vor sich hin.
Herr Knabe ignoriert die beiden Jungs.
Er atmet tief ein, dann fährt er fort: »Elise aus der Oberstufe hat sich das Leben genommen.«
»Das hübsche Mädchen aus der elften Klasse mit den langen, blonden Haaren hat sich umgebracht?«, platzt Thomas heraus.
»Das heißt das dann wohl, Memme«, knurrt Lennard ihn an. Er ist noch immer sauer, dass Thomas ihm die Freundschaft gekündigt hat. Aber seitdem Thomas mit Toulouse vom ›Circus Diadem‹ befreundet ist, hat er keine Lust mehr auf Streitereien und Konflikte. Und damit auch nicht auf Lennard, der ständig auf Krawall aus ist.

Herr Knabe wirft Lennard einen finsteren Blick zu. »Lennard, kannst du nicht wenigstens in so einer schweren Sekunde deine dummen Bemerkungen einstellen?«
Lennard zuckt mit den Schultern.
»Ich habe einen Brief für eure Eltern von unserer Schulleitung. In dem Brief erklärt Frau Hafer, dass Elise im Froschweiher ertrunken ist und dass man einen Abschiedsbrief gefunden hat«, sagt Herr Knabe.
»Sie hat sich selbst in einem Teich getötet?«, entschlüpft es Nils.
»Wie soll das gehen?«, ruft Linda fast verzweifelt. »Es ist doch ein natürlicher Instinkt des Menschen, im Wasser nicht zu ertrinken.«
»Das ist echt gruselig«, sagt Lucas.
Eine Gänsehaut läuft ihm über den Rücken.
»Das finde ich auch«, mischt sich nun Emma ein. »Wie kann man so jung sein und sein Leben einfach wegwerfen? Viele Menschen, die sterbenskrank sind, hangeln sich nach jedem Strohhalm und Elise bringt sich einfach um.«
»Du hast Recht, Emma. Das ist wirklich furchtbar. Ich kann es auch nicht nachvollziehen. Ich denke immer, es gibt für alles eine Lösung. Aber offenbar hat sie für ihre Probleme keine Lösung gesehen«, erwidert Herr Knabe.
»Aber sie war doch hübsch? Warum sollte sie sich umbringen?«, ruft Lennard verständnislos. »Wenn Emma sich umbringen würde, könnte ich das verstehen. Unsere Pippi Langstrumpf ist echt hässlich und hat zu viel Speck auf den Rippen...«
»Lennard, Strafarbeit! Nach der Stunde holst du dir deine Aufgaben bei mir ab«, knurrt Herr Knabe wütend.
Emma wendet sich verärgert von Lennard ab. »Dieser Wurm ist es nicht wert, dass man ihm eine Strafarbeit aufbrummt.«

Herr Knabe hebt nur eine Augenbraue, dann nimmt er sich ein Stück Kreide. »In Zimmer 202 findet ihr Frau Glück vom Hospiz sowie eine Schulpsychologin vom Landratsamt und unsere Vertrauenslehrerin Frau Korn. Wer also über den Selbstmord von Elise reden möchte, der darf dort jederzeit hingehen.«

»Geil! Jederzeit?« Lennard springt auf. »Ich bin dann mal weg.«

»Gott sei Dank, er geht«, murmelt Linda leise.

»Nein, er geht nicht.« Herr Knabe dreht sich um. »Setzen, Lennard!« Der Lehrer deutet ein Lächeln an.

»Sie haben doch gerade gesagt, dass wir jederzeit dorthin gehen dürfen«, mault Lennard. Da Herr Knabe ihn jedoch eindringlich anschaut, setzt er sich widerwillig zurück auf seinen Platz.

»Du darfst auch gehen. In der großen Pause«, erwidert Herr Knabe. Er wendet sich an die Klasse. »Liebe Schüler und Schülerinnen der Klasse 6b, es wird nächsten Montag eine Schülerratssitzung geben. Der Schülerrat möchte mithilfe aller Schüler, Eltern und Lehrer ein Zertifikat[7] für die Schule erwerben.«

»Was ist ein Zertifikat?«, hakt Nils nach.

»Es ist eine Art Auszeichnung und nennt sich ›*Schule ohne Rassismus - Schule mit Courage*‹«, antwortet Herr Knabe. Eilig kritzelt er den Titel des Zertifikats an die Tafel.

Lennard, Boris und Hannes verdrehen die Augen.

»Das nervt! Warum müssen alle auf dem blöden Mobbingthema herumreiten?«, ruft Boris in die Klasse.

Herr Knabe deutet erneut ein Lächeln an. »Ich finde, das ist eine sehr gute Idee. Wir alle leben doch viel entspann-

---

[7] Ein Zertifikat ist eine Art Urkunde.

ter und befreiter, wenn wir uns gegenseitig so respektieren wie wir sind. Mit allen Stärken und Schwächen.«

»Boah, ich kann das echt nicht mehr hören«, knurrt Lennard leise. »Immer diese ganzen Gutmenschen. Leben und leben lassen. Als wenn das im wirklichen Leben funktioniert.«

Lennard hat sehr leise gesprochen, aber laut genug, dass Herr Knabe ihn gehört hat. »Lennard, du bist offensichtlich anderer Meinung. Wie ist denn das wirkliche Leben?«

Lennard zuckt mit den Schultern. »Hart und unfair.«

»Hart und unfair? Kannst du das etwas genauer erklären?«

»Schauen Sie sich doch mal in der Berufswelt um!«, platzt Lennard heraus.

»Er ist doch schon Lehrer. Das ist auch ein Beruf«, meldet sich der schüchterne Hans zu Wort.

Lennard wirft ihm einen abschätzigen Blick zu. »Ich rede von der wirklichen Berufswelt, nicht von einer popligen Schule, wo die Lehrer in Watte gepackt vor sich hin unterrichten können und damit auch noch ein Schweinegeld verdienen.«

Sprachlos starrt Herr Knabe seinen Schüler an.

»Kein Wunder, dass Lennard so fies ist, wenn er so eine Meinung über andere Menschen hat«, wispert Emma Mia zu.

Mia nickt. Sie ist auch erstaunt über die Ansichten ihres Mitschülers.

»Ich gehe davon aus, dass deine Eltern so reden, Lennard. Ich habe noch nie einen Schüler einer sechsten Klasse so abfällig über den Lehrerberuf reden hören. Das kann nicht aus deiner Feder stammen. Was macht dein Vater beruflich?«, fragt Herr Knabe schließlich.

»Mein Vater ist IT-Fachmann«, sagt Lennard stolz. »Und er verdient das Fünffache eines Lehrers«, fügt er abfällig hinzu.

»Was ist ein IT-Fachmann?«, fragt Hans schüchtern.

»Ein IT-Fachmann sitzt am Computer und programmiert Spiele, Apps oder stampft Online-Firmen aus dem Boden«, lässt sich Lennard zu einer Antwort herab.

»Und das macht dein Vater?«, bohrt Nils nach.

»Mein Vater hilft Firmen, im Online-Markt groß zu werden«, erklärt Lennard hochnäsig.

»Und da verdient man so viel Geld?«, fragt Emma naserümpfend.

»Wie viel verdient denn dein Vater?«, fragt Boris seinen Freund leise.

»Das ist unterschiedlich. Manchmal fünfzigtausend im Monat, manchmal hunderttausend und wenn es schlecht läuft, nur fünfzehntausend«, antwortet Lennard. Er genießt die Aufmerksamkeit seiner Mitschüler, die ihn alle sprachlos anstarren.

Fast ein wenig unsicher steht Herr Knabe vor der Tafel.

Emma lächelt und sagt: »Du armer Junge!«

Ein Raunen geht durch die Klasse. Die Jungs starren Emma an, als hätte sie nicht alle Murmeln im Schrank.

»Bist du blöd? Ich bin doch nicht arm! Wir sind reich«, platzt Lennard heraus.

Emma verschränkt die Arme vor der Brust. »Du bist arm, Lennard.«

»Die spinnt doch«, rufen Boris und Hannes gleichzeitig.

Herr Knabe hebt eine Hand. »Ruhe! Emma, führe deinen Gedanken bitte zuende.«

Emma nickt. »Ich wette, Lennards Vater hat kaum bis gar keine Zeit für seine Familie. Mein Vater hat eine Baumschule. Das ist verdammt viel Arbeit. Er hat wirklich nicht viel Zeit für mich. Aber ich habe noch meine Oma. Lennards Vater wird als IT-Spezialist, der den Onlinemarkt erobert, mit Sicherheit kaum Zeit zum Schlafen haben geschweige denn für seine Familie. Also ist Lennard ein verdammt einsamer Junge. Ich hätte auch lieber weniger Geld und dafür mehr von meinem Vater.«

Lennard tippt sich an die Stirn, aber Mia und Emma sehen ihm deutlich an, dass Emma mit ihrer Vermutung richtig liegt.

»Du spinnst, Pippi! Du denkst also, dass ich emotional verhungere, weil mein Vater so viel arbeitet?« Lennard lacht höhnisch auf.

Emma nickt.

»So ein Quatsch! Ich habe alles zuhause, was ich brauche. Mein Vater bringt die Kohle nach Hause, meine Mutter schmeißt den Haushalt und kocht mir alles, was ich will. In meinem Zimmer habe ich einen iMac und ein Macbook von Apple und das hier!« Lennard hebt sein iPhone hoch. Es ist das neueste Modell, das gerade erst auf den Markt gekommen ist.

Den Schülern fällt fast alles aus dem Gesicht. Neid, Staunen und Ehrfurcht machen sich im Klassenzimmer breit. Selbst Herr Knabe ist wieder einmal sprachlos.

»Ich bin technisch bestens ausgerüstet. Ich kann den ganzen Tag lang zocken. Und ich habe keinen Vater, der mich davon abhält, weil er es geil findet, wenn ich am Computer sitze«, sagt Lennard hochnäsig.

Emma lächelt. »Siehst du! Ich habe Recht. Du redest dir nur alles schön. Ich habe lieber Familie in meinem Leben als tolle Technik.«

Lennard schnauft verächtlich. »Du bist ja auch ein Mädchen. Die sind ohnehin nur dazu geboren, am Herd zu stehen und Kinder großzuziehen.«

Ein Aufschrei geht durch die Klasse.

Nicht nur die Mädchen entrüsten sich über Lennards Ansichten, auch Nils schreit auf.

»Dass du dich aufregst, wundert mich gar nicht«, sagt Lennard abfällig.

Boris sowie Hannes lachen laut auf.

»Wieso?« Lauernd verschränkt Nils die Arme vor der Brust.

»Duuu lebst ja auch mit zwei Müttern in einem Haushalt. Und beide entsprechen nicht der Norm«, sagt Lennard.

»Was heißt das denn?«, platzt Hans heraus.

Lennards Augenbraue wandert in die Höhe. »Das heißt, Nils Mütter sind lesbisch und arbeiten auch noch. Sie passen nicht in unsere Gesellschaft. Normalerweise haben Frauen einen Mann, der zur Arbeit geht und Geld für die Familie verdient«, lässt sich Lennard zu einer Antwort herab.
»Du lebst wohl im 19. Jahrhundert. Kann mal jemand Lennard in eine Zeitmaschine setzen?«, ruft Emma laut.
Herr Knabe verdreht die Augen. »Mann, Lennard! Du bist zwölf Jahre alt und hast die verstaubten Ansichten meines Urgroßvaters, der bereits seit fünfzig Jahren tot ist.«
»Vielleicht ist Lennard ja Ihr Urgroßvater. Und nun ist er ein Zombie, der in unserer Menschenwelt sein Unwesen treibt.« Nils hat sehr leise gesprochen, aber Lennard hat ihn genau gehört. Wütend springt er auf und hebt die Faust. »Pass du lieber auf, dass ich dich nicht alleine erwische, du Schwulette!«
Herr Knabe hebt eine Hand. »Jungs! Schluss! Hört auf damit!« Er will noch etwas sagen, aber es klingelt bereits zur Pause. Alle Schüler scharren mit den Stühlen.
»Jungs, Mädels, wartet noch kurz!«
Alle halten inne.
»Heute findet kein Unterricht mehr statt…«, sagt Herr Knabe.
»Wir können nach Hause?«, ruft Hannes voller Vorfreude.
Herr Knabe schüttelt den Kopf. »Nein. In der nächsten Stunde gucken wir einen Film. Danach werden wir noch etwas Musik hören und ihr könnt malen oder euch sonst irgendwie beschäftigen.«
»Warum?«, fragt Mia verwundert.
»Weil Elise sich umgebracht hat, du Trantüte!«, sagt Lennard genervt.

»Richtig. Der Selbstmord von Elise ist so schwerwiegend, dass die Schulleitung entschieden hat, heute den Unterricht ausfallen zu lassen«, sagt Herr Knabe.

***

»Ich habe einen Brief für euch«, sagt Mia, als sie am späten Nachmittag nach ihrer Kunst-AG nach Hause kommt. Wortlos legt sie den Briefumschlag von der Schulleitung auf den Tisch und schleicht sich sogleich aus der Küche.
»Warte mal, Mia! Was ist das?«, ruft Sophie ihr hinterher.
Mia verdreht die Augen, bleibt aber stehen.
»Wenn der Brief blau wäre, würde ich sagen, du hast was ausgefressen«, witzelt ihr Papa.
»Ich habe nichts angestellt. Eine Schülerin aus der elften Klasse hat sich umgebracht. Der Brief ist von der Schulleitung«, erklärt Mia fast ein wenig genervt.
»Madam ist wohl in der Pubertät[8], was? So zickig kenne ich dich ja gar nicht«, sagt ihr Papa überrascht.
Mia grunzt. »Ich bin nicht zickig. Aber ihr müsst nicht gleich glauben, dass ich was angestellt habe, nur weil ich einen Brief aus der Schule mitbringe.«
»Eine Schülerin ist tot? Das ist ja schrecklich.« Erschüttert lässt sich Sophie auf einen Stuhl fallen. »Das berührt mich sehr.«
»Herr Knabe sagt, das Anti-Mobbing-Team ›*Contravis*‹ wird jetzt in der ganzen Schule aktiv. Und alle sollen mithelfen: Lehrer, Schüler und Eltern«, sagt Mia.
Verstohlen wischt sich Sophie eine Träne aus den Augenwinkeln.
»Warum weinst du, Mama?«, fragt Mia erstaunt.

---

[8] Pubertät = Geschlechtsreifung. Ist die Geschlechtsreife erreicht, können Männer Kinder zeugen und Frauen Kinder kriegen.

»Kanntest du das Mädchen etwa?«, fragt Mias Papa überrascht.
Sophie schüttelt den Kopf und sucht nach Worten. »Nein. Ich kannte sie nicht. Aber es macht mich sehr traurig, dass sich ein 17-jähriges Mädchen selbst tötet. Sie muss unglaublich verzweifelt gewesen sein.«
»Wie muss es erst den armen Eltern gehen?«, wirft Mias Papa ein.
»Eine Psychologin betreut die Familie, hat Herr Knabe erzählt. Wir haben an der Schule auch ein Notfallteam. Jeder, der darüber reden möchte, kann dorthin gehen«, sagt Mia.
»Das finde ich gut«, meint Sophie und erhebt sich seufzend. Sie geht zu Mia und nimmt ihr Gesicht zwischen die Hände. »Meine Süße, wenn du Probleme hast, egal was es ist, bitte rede mit uns! Es gibt immer eine Lösung. Selbstmord ist keine Lösung.«
»Versprich uns das!«, beharrt Mias Papa.
Mia verdreht die Augen.
Sie mag ihr Leben.
Sie mag ihre Familie und ihre Pinguine. Auch Fritz, der Uhu, ist ihr ein treuer Begleiter geworden.
»Warum sollte ich mich umbringen? Mir geht es gut. Ihr müsst euch keine Sorgen um mich machen. Ich werde auch nicht gemobbt.« Mia zwingt sich zu einem Lächeln. Heute ist sie nicht so gut drauf. Aber sie hat auch keine Lust, mit ihren Eltern zu reden.
»Darf ich jetzt in mein Zimmer gehen?«
»Willst du nicht erst etwas essen?«, hakt Mias Papa nach.
Mia zuckt mit den Schultern. »Was gibt es denn?«
»Dein Lieblingsessen. Spaghetti Bolognese«, sagt Sophie lächelnd und streichelt ihr über den Kopf.

Nun huscht doch ein Lächeln über Mias Gesicht. »Ich glaube, ich habe doch Hunger.«

# Das Schulprojekt

»Na, warte! Lauf schon mal vor, Fettsack, wir holen dich gleich ein!«, ruft Lennard wütend einmal quer über den Sportplatz.
Michael nimmt seine Beine in die Hand und rennt, so schnell er kann. Aber schon nach wenigen Metern stolpert er und rutscht über den Gummibelag. Tapfer beißt er die Zähne zusammen, rappelt sich auf und rennt weiter.
»Du warst das letzte Mal ein König, der mich schlecht behandelt, du Penner!« Lennard gibt Boris und Hannes ein Zeichen. Alle laufen los und haben Michael innerhalb von Sekunden eingeholt. Sie werfen ihn zu Boden und schlagen auf ihn ein.
»Komm, Mia, wir müssen ihm helfen!«, ruft Emma erschrocken.
Mia starrt auf die Szene und kann sich vor Schreck gar nicht rühren.
Die Zwillinge rauschen an ihr vorbei und da scheinen auch ihre Beine wieder zu gehorchen. Sie läuft den anderen hinterher.
»Lasst ihn in Ruhe!«, ruft Emma und wirft sich mit ihrem ganzen Körpergewicht auf Lennard.
Lennard versucht sie abzuschütteln. »Pippi Langstrumpf, halte dich da raus!«
Nils, Amelie und Mia versuchen ebenfalls, die drei Mobber von Michaels Rücken zu holen, doch sie sind nicht stark genug.
Plötzlich ertönt ein ohrenbetäubendes Kreischen.
Erschrocken halten sich alle die Ohren zu.

Mia blickt sich um und sieht die junge, vollschlanke Sozialarbeiterin mit den regenbogenfarbenen Haaren. Sie hält eine schwarze, flache Pfeife in den Händen.
»Hallo Frau Grün!«, sagen Emma und Mia überrascht.
»Was ist denn hier los? Kann ich helfen?«, fragt die junge Sozialarbeiterin.
»Noch so ein Nilpferd«, quakt Boris vorwitzig.
Nicolina Grün rümpft die Nase. »Außerhalb der Schule hast du offensichtlich deine Manieren vergessen, was?«
»Außerhalb der Schule haben Sie mir gar nichts zu sagen«, pfeffert Boris zurück.
Nicolina Grün macht eine kurze Handbewegung und hinter einem Busch springen die Zwillinge Mike und Mick Haase hervor. Sie stürmen auf Lennard, Hannes und Boris zu und packen sie am Kragen. Bevor die drei blinzeln können, sitzen sie auch schon auf der Bank.
»Ihr kleinen Stinker glaubt wohl, ihr könnt hier die Gegend aufmischen, was?«, sagt Mick Haase. Er zieht geräuschvoll die Nase hoch und spuckt den dreien schließlich vor die Füße.
Angewidert drehen sich die Jungs weg.
Unterdessen helfen Emma und Nils Michael auf die Beine.
»Was ist das für eine coole Pfeife?«, will Nils wissen.
Nicolina Grün hält das kleine schwarze Ding in die Höhe. »Das ist eine Notfallpfeife. Sie ist irre laut, was?«
Die Kinder nicken.
»So eine brauche ich auch«, sagt Michael ächzend, während er sich die Hose abklopft. Am Knie ist sie durchgerissen.
Die Sozialarbeiterin nimmt das Signalgerät und reicht es Michael. »Ich schenke sie dir.«

»Es ist bestimmt verboten, so ein Teil zu benutzen«, schimpft Lennard.

Mike Haase schüttelt den Kopf, aber nur so weit, dass keine seiner mühsam gekämmten Haarsträhnen davon springt. »Nein. Die Pfeifen unterliegen nicht dem Waffengesetz und dürfen daher von jedem ohne Altersbeschränkung gekauft, getragen und benutzt werden.«

Grummelnd verschränkt Lennard die Arme vor der Brust.

»Zu dritt seid ihr richtig stark, oder?« Mick Haase starrt die drei Jungs fast feindselig an.

Lennard zuckt gleichgültig mit den Schultern und auch Boris und Hannes tun so, als sei ihnen alles egal.

»Ihr habt euch gerächt, weil Michael Lennard als König schlecht behandelt hat, oder?«, fragt Nicolina Grün.

Keiner antwortet.

»Ja«, sagt Mia schließlich, »ich habe genau gehört, dass sich Lennard rächen wollte.«

»Blöde Petze!«, knurrt Lennard.

»Du bist als nächstes dran«, wirft Boris ihr an den Kopf.

Emma, Nils, Amelie und Linda stellen sich vor Mia in Position. »Dann müsst ihr erst einmal an uns vorbeikommen«, sagt Emma und hebt eine Faust.

»Komisch, warum hilft denn unser kleines Pflegekind nicht mit? Hast du Angst, dass dich das Jugendamt abholt?«, zischt Lennard. Er verzieht das Gesicht so sehr, dass er aussieht wie eine bösartige Schlange.

»Lass Lucas in Ruhe!«, kontert Emma.

»Seht ihr, und genau hier haben Mobber keine Chance mehr«, sagt Nicolina Grün begeistert. »Wenn Außenstehende den Mobbingopfern helfen, haben Mobber keine Möglichkeit mehr, Gewalt auszuüben.«

»Wir haben viele Möglichkeiten. Die kennst du nur noch nicht, Schwabbelbacke«, platz Boris schließlich heraus.

Mick schnappt sich den Jungen und zerrt ihn zu einer riesigen blauen Matte, auf der sich noch das Regenwasser vom gestrigen Wolkenbruch tummelt.
»Halt die Luft an, Kleiner!« Kopfüber wirft er Boris auf die Matte.

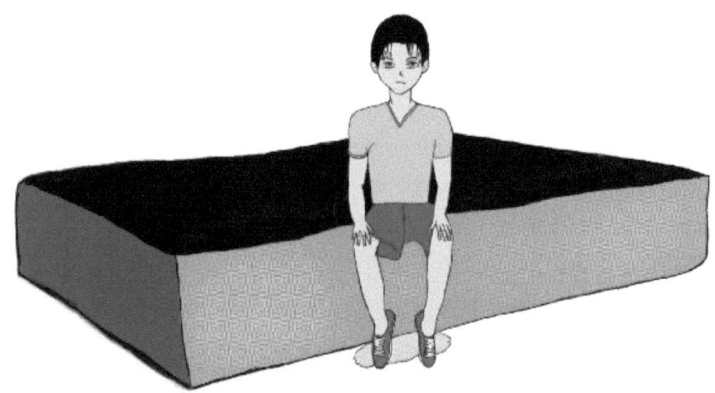

Prustend zappelt Boris in dem See herum, bis es ihm nach Minuten schließlich gelingt, das wabernde Weichteil zu verlassen. Patschnass und zornig steht er vor den drei Sozialarbeitern. »Das war nicht witzig!«
Mick Haase lächelt. »Ich glaube, du hattest eine Abkühlung dringend nötig, Freundchen.«
»Das werde ich meinen Eltern erzählen«, droht Boris.
Mick Haase lächelt. Er blickt auf seine Armbanduhr und nickt schließlich. »In Ordnung. Lass uns gehen!«
»Wohin?«, fragen Lennard, Boris und Hannes gleichzeitig.
»Wir gehen zu Boris Eltern. Ich bin gespannt, was sie sagen, wenn sie erfahren, dass ihr Sohn kein Respekt vor Erwachsenen hat«, antwortet Mick Haase.
Plötzlich lacht Lennard los.
Verdutzt richten sich alle Augenpaare auf ihn.

»Was ist daran so komisch?«, will Nils wissen.
Lennard zeigt auf Boris und hält sich lachend den Bauch.
»Seine Alten kriegen doch gar nichts mehr mit. Die sind nur am Arbeiten und wenn sie erfahren, dass Boris aufmüpfig war, ziehen sie ihm das Fell über die Ohren.«
Erschrocken blicken die Kinder zwischen Lennard und Boris hin und her.
Boris ballt die Fäuste. »Halt die Klappe, Mann!«
Lennard ignoriert ihn und lacht weiter. »Die prügeln dich windelweich, Boris! Warum bringst du deine Eltern ins Spiel?«
»Was ist daran so witzig, wenn dein Freund geschlagen wird?«, hakt nun auch Nicolina Grün nach.
Lennard richtet sich wieder auf. »Boris lässt doch nur seinen Frust an Michael aus, weil er so dumme Eltern hat, die bei jeder schlechten Note oder Nachricht gleich losprügeln. Und ausgerechnet deinen Altern willst du erzählen, dass Mick dich nass gemacht hat?« Lennard schüttelt den Kopf. »Das würde ich an deiner Stelle bleiben lassen.«
Nicolina Grün verschränkt die Arme vor der Brust. »Und was hast du für Frust, den du an Michael ablässt?«
Lennard winkt ab. »Langeweile. Zu viel Geld. Ich bin ein Held.« Er wendet sich drohend an die Sozialarbeiterin. »Und darum werde ich auch nie wieder den armen Bettler spielen. Ist das klar?«
Mick packt Lennard am Kragen und schleift auch ihn zur Weichbodenmatte.
»Lass mich los! Meine Hose ist von Dolce. Und meine Schuhe dürfen nicht nass werden«, kreischt Lennard.
Schmunzelnd betrachten Mia und ihre Freunde, wie auch Lennard im Regenwasser landet.

Wütend springt dieser auf und ballt die Fäuste. Dabei kreischt er so laut, als wenn er die Götter vom Himmel holen will.

»Jetzt dreht er total durch!«, bemerkt Lucas kopfschüttelnd.

»Leider gibt es auch Mobber, die andere aus purer Langeweile fertigmachen«, sagt Nicolina Grün seufzend. »Das wird noch ein hartes Stück Arbeit in eurer Klasse.«

***

Als Mia mit Amelie und Emma vom Rollschuhlaufen zurückkehrt, sitzen Mias Eltern gemeinsam mit den Sanders auf der Terrasse.

»Cool, ihr seid ja hier!«, sagt Amelie erfreut.

Celia Sanders ergreift lächelnd Amelies Hand. »Hallo, mein Schatz! War es schön beim Rollschuhlaufen? Wo ist dein Bruder?«

Amelie legt ihre Rollschuhe beiseite und hockt sich auf die Terrasse. »Nils ist noch mit zu Lucas gegangen. Lucas' Pflegeeltern hatten doch diese komische Gerichtsverhandlung, um das Sorgerecht zu bekommen.«

»Welche Gerichtsverhandlung?«, hakt Mias Papa nach.

»Lucas Eltern wollen, dass Lucas leibliche Mutter ihren Sohn nicht ständig abholt, wann es ihr passt. Außerdem ist Frau Klemmschneider, also die Mutter von Lucas, ständig betrunken, wenn sie Lucas besucht«, erklärt Amelie.

Mias Papa runzelt die Stirn. »Warum heißt die Mutter von Lucas eigentlich ›Klemmschneider‹? Lucas heißt doch ›Fluge‹ mit Nachnamen, oder nicht?«

»Das kann ich dir erklären, Tom«, sagt Sabine Sanders, Amelies Adoptivmutter. »Damit kenne ich mich mittlerweile ganz gut aus. Wie ihr wisst, sind Celia und ich ja verheiratet. Celia ist die leibliche Mutter der beiden, ich habe die Zwillinge adoptiert.« Sabine holt tief Luft, lächelt ihre Frau aber vorher noch kurz an. »Lucas Pflegeeltern haben Lucas bereits seit zehn Jahren bei sich. Immer wieder mit Kämpfen um das Sorgerecht, weil Lucas Mutter ihn alle paar Monate zurückhaben will.«

»Woher weißt du das?«, fragt Sophie überrascht.

»Ich habe mich mit Anja Fluge unterhalten, der Pflegemutter von Lucas.« Sabine Sanders lächelt. »Und Anja hat mir von den ewigen Streitereien erzählt. Als Lucas etwa drei Jahre alt war und in den Kindergarten kommen sollte, gab es ständig Nachfragen, weil Lucas weder den Nachnamen seines Pflegevaters, noch den seiner Pflegemutter trug. Manchmal haben Eheleute ja unterschiedliche Nachnamen, aber Anja und Martin waren damals noch nicht verheiratet. Also haben die beiden eine Absprache mit dem Jugendamt getroffen. Sie haben geheiratet und Lucas ›einbenennen‹ lassen.«

»Was ist eine ›*Einbenennung*‹?«, hakt Mias Papa nach.

Mia und ihre Freunde spitzen interessiert die Ohren.

»Das bedeutet«, setzt Sabine Sanders zur Erklärung an, »dass Lucas zwar den Nachnamen seiner Pflegeeltern trägt, aber nicht von ihnen adoptiert wurde.«

»Kommt so etwas häufiger vor?«, fragt Mias Papa erstaunt.

»Nun«, antwortet Sabine Sanders, »häufig gibt es diese Einbenennung, wenn ein Elternteil alleinerziehend ist und einen neuen Partner findet und diesen dann heiratet. Dann ist der Ehepartner ja nicht der leibliche Elternteil des Kindes.«

»Das verstehe ich nicht«, sagt Amelie.

»Ist doch ganz einfach«, sagt Emma. »Nehmen wir mal an, Michaels Mutter heiratet und bekommt dann den Namen von ihrem neuen Ehemann. Dann heißt Michael als Kind ganz anders als seine Eltern. Damit das Kind keine Probleme bekommt, kann die Mutter dann Michael denselben neuen Nachnamen geben, den sie durch die Heirat bekommen hat, ohne dass ihr neuer Mann Michael adoptieren muss.«

»Ist so etwas kompliziert?«, fragt Mia.

»Nein«, antwortet Sabine Sanders. »Man geht einfach zum Standesamt und muss dort ein paar Papiere vorlegen. Wenn die Mutter alleinerziehend ist und das alleinige Sorgerecht hat, braucht sie auch keine Genehmigung vom leiblichen Vater.«

»Und was ist, wenn beide Eltern das Sorgerecht haben und es keine Genehmigung vom leiblichen Vater gibt?«, will Mias Papa wissen.

»Dann muss die Mutter die Zustimmung vom Familiengericht holen«, antwortet Sabine Sanders.

»Verstehe«, sagt Mias Vater, »das leuchtet ein.«

Sophie verschwindet im Haus und kommt mit Eis für alle wieder heraus. Mia und ihre Freunde stürzen sich auf das Eis, als hätte man sie Jahre lang hungern lassen.

»Eis geht immer, was?«, lacht Sophie und die Kinder nicken.

Auch Mias Papa langt ordentlich zu und lässt sich gleich vier Kugeln Vanilleeis auftischen. »Und was ist das für eine Gerichtsverhandlung, bei der Lucas mit seinen Pflegeeltern war?«

»Soweit ich informiert bin«, entgegnet Celia Sanders, während sie an ihrem Eis schleckt, »wollten Lucas' Pflegeeltern das Sorgerecht, welches das Jugendamt seit vielen Jahren hat. Als Lucas mit acht Monaten zu Martin und Anja Fluge kam, wurde nämlich ein Teil des Sorgerechts von der leiblichen Mutter auf das Jugendamt übertragen.«

»Da war er ja noch ein Baby!«, ruft Mia erschrocken aus.

Celia Sanders nickt. »Ja. Seine Mutter kam von Anfang an nicht mit dem Baby zurecht. Nachdem Lucas schon etliche Male wegen Vernachlässigung in die Klinik eingeliefert werden musste, hatte das Jugendamt damals entschieden, ihn in eine Pflegefamilie zu geben.«

»Was bedeutet denn ›Vernachlässigung‹ genau?«, hakt Amelie nach.

»Das kann unterschiedlich aussehen«, antwortet ihre Mutter. »Lucas hat nicht genug zu Essen und zu Trinken bekommen. Er war unterernährt und ausgetrocknet. Seine Mutter hat einfach vergessen, sich um ihn zu kümmern.«

»Aber ein Baby schreit doch, wenn es Hunger hat«, sagt Mia pikiert.

»Natürlich«, sagt Sophie, »aber irgendwann hören Babies auf zu schreien. Sie geben auf und liegen einfach nur noch da.«

»Genau. Und Lucas Mutter hat durch den Alkohol und die Drogen nicht gemerkt, dass Lucas am Verhungern war«, ergänzt Sabine Sanders.

»Armer Lucas!«, sagt Mia. »Am liebsten würde ich ihm jetzt ein Eis vorbeibringen.«

Die Erwachsenen schmunzeln.

»Das ist wirklich lieb von dir, Mia«, sagt Sophie, »aber mittlerweile geht es Lucas bei seinen Pflegeeltern gut.«

»Und nun haben seine Pflegeeltern das Sorgerecht erkämpft?«, fragt Mias Papa.

Sabine Sanders nickt. »Ja. Sie wollten, dass der Familienrichter ihnen die Gesundheitsfürsorge und das Aufenthaltsbestimmungsrecht zuspricht.«

»Wofür ist das?«, will Mia wissen.

»Lucas Pflegeeltern wollen mit Lucas zum Kinderarzt gehen können, ohne vorher die Genehmigung von der leiblichen Mutter oder dem Jugendamt einholen zu müssen«, erklärt Celia Sanders.

»Genau«, sagt ihre Frau. »Und sie wollen selbst bestimmen, wo sich Lucas aufhalten darf. Wenn Eltern, oder wie hier die Pflegeeltern, das Aufenthaltsbestimmungsrecht haben, dann entscheiden sie, wo das Kind zu welcher Uhrzeit sein darf. Und sie dürfen ihr Pflegekind auch mit in den Urlaub nehmen, ohne dass die leibliche Mutter oder das Jugendamt zustimmen muss.«

»Das ist nach all den Jahren bestimmt eine große Erleichterung für Lucas Pflegeeltern«, bemerkt Mias Papa.

Die Erwachsenen sind sich einig.

»Unbedingt«, sagt Sophie, »denn bis jetzt konnte das Jugendamt ja jede Entscheidung rückgängig machen, die Lucas Pflegeeltern getroffen haben.«

»Kommt so etwas wirklich vor?«, fragt Mias Papa.

»Oh ja«, sagt Sabine Sanders. »Anja hat mir mal erzählt, dass sie mit Lucas nach Dänemark in den Urlaub fahren wollten. Der Mutter war es egal, dass Lucas wegfährt, aber das Jugendamt hatte sich dagegen entschieden. Und sie mussten dann ihren Urlaub absagen.«

»Das ist fies. Urlaub ist doch toll«, sagt Amelie.

»Ja, das finde ich auch, mein Schatz«, erwidert ihre Mutter.

»Können wir noch etwas spielen gehen?«, fragt Mia unvermittelt.

»Vor mir aus«, sagt Mias Papa.

»Na klar! Haut schon ab!«, sagt Sophie grinsend und winkt den Kindern zu.

***

»Schriftführer, bitte notiere im Protokoll, dass alle Klassensprecher und deren Vertreter bei unserer Schülerratssitzung anwesend sind!«, sagt Madita Lustig, die Schulsprecherin.

Sechzehn Klassensprecher und Vertreter sind in den großen Konferenzraum des Gymnasiums zur halbjährlichen Schülerratssitzung gekommen.
Für Mia und Nils ist das bereits die dritte Sitzung, denn sie sind schon im zweiten Jahr zum Klassensprecher gewählt worden.
Mia bewundert Madita, nicht nur, weil sie mit ihren langen, braunen Locken und den großen, grünen Augen so umwerfend gut aussieht, sondern vor allem, weil sie so stark wirkt und sich von niemandem unterkriegen lässt. Fast wie Emma.
Madita räuspert sich. »Achtet bitte darauf, dass ihr euch alle in der Anwesenheitsliste eingetragen habt! Ich möchte euch heute einen Vorschlag unterbreiten…«
Stimmengemurmel ertönt, Füße werden unruhig gescharrt, doch Madita hebt nur kurz die Hand und alle im

Raum verstummen. »Wie einige von euch sicherlich schon bemerkt haben, haben wir an der Schule…«, Madita scheint nach Worten zu suchen, »ein Mobbingproblem. Ich muss niemandem von euch sagen, dass es erschreckend ist, dass sich Elise aus meiner Klassenstufe umgebracht hat.«

Die Gesichter der Anwesenden verfinstern sich.

Auch Mia gibt dieser Satz einen kleinen Stich ins Herz. Es fühlt sich wirklich hässlich an, dass sich Elise das Leben genommen hat. Dabei hat Mia das Mädchen nicht einmal gekannt. Aber die Tatsache, dass sie an ihrer Schule gewesen ist und so etwas Furchtbares getan hat, legt ihr eine trollartige Schwere auf die Brust.

Madita wischt sich kurz über die Augen. »Wir haben Elise wohl alle unterschätzt. Sie war mutig und stark. Leider hat sie diese Stärke nicht genutzt, um sich gegen Mobber durchzusetzen, sondern, um sich das Leben zu nehmen. So etwas darf an unserer Schule nie wieder passieren!«

Die Schülerinnen und Schüler murmeln leise vor sich hin, viele nicken zustimmend.

»Wir möchten ein Schulprojekt auf die Beine stellen und benötigen dafür eure Hilfe«, fährt Madita fort.

Kim, der Schulsprecher aus der zwölften Klassenstufe, der neben Madita sitzt, räuspert sich nun auch. »Wir wollen eine mobbingfreie Schule und das Zertifikat ›Schule ohne Rassismus - Schule mit Courage‹ erwerben. Wenn wir alle Auflagen erfüllt haben, bekommen wir eine Tafel, die vorne am Schuleingang angebracht wird.«

»Genau«, sagt Madita, »und damit wir diese Auszeichnung auch bekommen, müssen wir alle Schüler mit ins Boot holen und dürfen Mobbern an dieser Schule keine Chance mehr geben.«

»Und wie können wir dabei helfen?«, fragt Nils mutig.

»Wir brauchen zunächst sämtliche Unterschriften unserer Schüler. Dann suchen wir einen Paten, der unser Projekt unterstützt. Danach melden wir das der Organisation, die das Zertifikat vergibt und zuletzt bekommen wir Aufgaben, die wir Schüler in Form von Projekten jedes Jahr erfüllen müssen«, erklärt Madita. »Ihr müsst euch also in euren Klassen umhören und Vorschläge für einen Paten sammeln. Die Vorschläge möchte ich nächste Woche auf meinem Tisch haben.«

# Der Pate

»Vielen Dank, dass ihr gekommen seid«, sagt Herr Knabe und deutet zum Tisch. »Bitte setzt euch! Nicolina Grün kennt ihr ja bereits.«
Mia, Emma, Nils und Lucas setzen sich an den großen, runden Tisch, an dem normalerweise Gespräche zwischen Lehrern und Eltern stattfinden.
»Haben wir etwas ausgefressen?«, witzelt Emma.
Herr Knabe lächelt. »Ich weiß es nicht, erzähl du es mir, Emma!«
»Kevin, bitte keine falschen Ängste wecken«, mischt sich Nicolina Grün ein. Die Sozialarbeiterin wirft Herrn Knabe einen fast genervten Blick zu.
Herr Knabe kichert leise. »Entschuldige, Emma! Natürlich habt ihr nichts ausgefressen. Wir haben eine Bitte an euch und hoffen, ihr könnt uns helfen.«
Emma lacht leise und winkt ab. »Kein Problem, Herr Knabe. Ich bin Pippi Langstrumpf Nummer Zwei, schon vergessen? Ich fresse nichts aus. Ich verteidige die Armen und Schwachen.«
»Genau deshalb bist du hier mit deinen Freunden«, sagt Nicolina Grün. »Wie ihr wisst, gibt es ein Mobbingproblem in eurer Klasse. Lennard, Boris und Hannes mobben Michael und das schon über einen sehr langen Zeitraum.«
»Und sehr heftig. Michael wird geschlagen, gejagt, gedemütigt, seine Sachen werden weggenommen und kaputtgemacht. Das ist für alle belastend und macht Michael krank. Damit wir dieses Problem ein für alle mal aus der Welt schaffen können, benötigen wir eure Hilfe«, sagt Herr Knabe.

Mia und Emma schauen sich erstaunt an.
»Okay«, sagt Emma lahm.
Mia fühlt sich auf einmal sehr wichtig. So, als könnte sie die ganze Welt retten. Es fühlt sich gut an, den Schwachen zu helfen, und genau das will sie auch tun. Sie will Michael helfen. »Das ist eine tolle Idee. Ich bin dabei«, sagt Mia breit grinsend.
Überrascht schaut Emma sie an. »Willst du dir nicht erst einmal anhören, was wir tun müssen?«
»Das würde ich auch gerne wissen«, meldet sich nun Lucas zu Wort.
»Natürlich sollt ihr erfahren, wie ihr uns helfen könnt«, erwidert Herr Knabe mit einem unterdrückten Grinsen. »Aber ich darf betonen, dass mich Mias Einsatzbereitschaft sehr freut.«
Emma hebt die Faust. »Sie können auf uns zählen, Herr Knabe.«
»Auf uns Jungs nicht«, sagt Nils zur Überraschung aller. »Ich möchte nicht zur Zielscheibe der drei boshaftesten Jungs der ganzen Schule werden.«
Emma schneidet eine Grimasse. »So feige kenne ich dich gar nicht, Nils.«
Nils blickt sie mit ernster Miene an. »Ich komme aus einer Regenbogenfamilie. Meine Mütter sind lesbisch, mein Vater ist schwul. Ich weiß, was es heißt, ständig und überall gehänselt zu werden. Und ich bin, ehrlich gesagt, froh, dass ich seit der fünften Klasse nicht mehr zur Zielscheibe gehöre.«
»Ich kann dich verstehen, aber ich finde, das machst du dir etwas zu einfach«, sagt Emma leicht verschnupft.
»Wir haben euch vier ausgewählt, weil ihr in der Klasse die größte Akzeptanz innehabt. Eure Mitschüler mögen euch. Zumindest die meisten«, fügt Herr Knabe hinzu.

»Außerdem verfügt ihr alle über einen sehr großen Gerechtigkeitssinn. Wenn es irgendwo Unfrieden gibt oder jemand unfair behandelt wird, dann setzt ihr euch für denjenigen ein. Darum möchten wir euch vier bitten, das ›Schüler-Beobachter-Team‹ zu bilden.«

»Und Kinder, bevor ihr anfangt zu streiten, möchten wir euch erst einmal erzählen, was wir von euch wollen«, sagt Nicolina Grün schnell.

Alle verstummen.

»Schießen Sie los!«, sagt Lucas. Er verschränkt die Arme und macht ein tiefernstes Gesicht.

Nicolina Grün lächelt. »Danke, Lucas! Also, wie euer Klassenlehrer eben gesagt hat, möchten wir euch vier gerne als ›Schüler-Beobachter-Team‹ einsetzen.«

Emma bläst die Backen auf, sagt aber nichts.

Mia hat Herzklopfen. Ihr gefällt der Gedanke, dass sie so wichtig und vertrauenserweckend ist, dass sie für so ein Anti-Mobbing-Projekt eingesetzt werden soll.

»Was genau bedeutet das?«, fragt Nils misstrauisch.

»Das heißt, ihr vier sollt in der nächsten Schulwoche alles notieren, was von Lennard, Boris und Hannes an Boshaftigkeiten ausgeht. Ihr schreibt alles in eine Liste, die wir euch geben und macht Notizen vom Tathergang«, erklärt Herr Knabe.

»Tathergang?«, hakt Lucas naserümpfend nach.

»Ja. Wenn ihr beobachtet, dass sich Lennard, Boris oder Hannes an Michael vergreifen, ihn ärgern, böse Bemerkungen an den Kopf schmeißen, ihm Sachen wegnehmen oder kaputtmachen, schreibt ihr eure Beobachtungen auf«, konkretisiert Herr Knabe.

»Wir sollen nicht eingreifen?«, fragt Lucas überrascht.

Herr Knabe und Nicolina Grün schütteln den Kopf.

»Nein, auf gar keinen Fall. Die drei sind von uns eingeweiht, dass ihr alles aufschreibt. Ziel des Schüler-Beobachter-Teams ist es, wie der Name schon sagt, nur zu *beobachten*. Ihr bekommt von uns ein Arbeitsblatt, auf dem ihr notiert, wer was wann und gegen wen getan hat«, erklärt Nicolina Grün. Sie streicht ihre regenbogenfarbenen Haare hinters Ohr. »Wir möchten nicht, dass ihr etwas gegen die Mobber oder deren Assistenten sagt oder tut. Es soll kein Streit oder Kampf entstehen.«
»Wir sollen also als Spitzel einspringen?«, fragt Nils wenig begeistert.
»Spione«, sagt Emma und hebt die Arme, als sei sie ein Gespenst.
»Ich will weder ein Spitzel, noch ein Spion sein«, sagt Nils mürrisch. »Ich mag solche Heimlichkeiten nicht.«

»Das verstehe ich gut und es ehrt dich, Nils«, entgegnet ihr Klassenlehrer. »Aber die Klasse wird *vorher* von uns informiert, dass ihr als Schüler-Beobachter-Team alles aufschreibt, was sich in der nächsten Woche im Klassenzimmer, auf dem Schulhof und, falls es euch auffällt, auch auf dem Schulweg passiert. Ihr seid also keine Spione.«
Nils macht ein erstauntes Gesicht. »Sie wollen uns offen als Spitzel hinstellen?«

Emma verzieht verärgert das Gesicht. »Ich habe dich bisher für sehr klug und mutig gehalten, Nils. Jetzt enttäuscht du mich! Wie kannst du nur so denken? Wir sind die Auserwählten, die das hässliche Mobbing im Klassenzimmer stoppen können. Das ist eine echte Chance für Frieden in der Klasse. Wir sind weder Spitzel, noch Spione.«
Nils schneidet eine Grimasse. »Ich bin nicht feige.«
»Dann benimm dich auch nicht so«, kontert Emma und wendet sich an Herrn Knabe. »Also, ich bin dabei. Ich helfe Ihnen.«
»Ich bin auch dabei«, sagt Mia.
Herr Knabe macht sich eine Gesprächsnotiz. »Das freut mich sehr. Natürlich dürft ihr auch zuhause noch mit euren Eltern sprechen und eine Nacht darüber schlafen. Schließlich ist das eine wichtige Entscheidung.«
Emma schüttelt den Kopf. »Mein Vater wird meine Entscheidung unterstützen. Er war sehr erschüttert, dass sich Elise umgebracht hat. Und er meinte, wir sollten alles tun, damit Michael nicht der nächste ist, der seinem Leben ein Ende setzt.«
Nils springt erschrocken auf. »Was? Michael bringt sich um?«
Herr Knabe legt ihm eine Hand auf den Arm. »Nein, Nils! Emma meinte lediglich, dass er sich umbringen könnte, wenn es so weitergeht.«
Nils blickt zu Boden. Dann atmet er tief durch. »Meine Familie wird es auch toll finden, wenn ich dabei bin.«
»Hier geht es aber nicht um deine Familie, Nils«, sagt Herr Knabe. »*Du* sollst in das Schüler-Beobachter-Team. Und das mit aufrichtiger Einsatzbereitschaft und nicht, weil irgendjemand das toll findet.«
Lucas rubbelt sich nachdenklich über die Nase. »Ich würde es gut finden, wenn die ewigen Sticheleien und gemei-

nen Aktionen der drei Blödiane endlich aufhören. Ich bin auch dabei.«

Herr Knabe lächelt und macht sich eine Notiz.

»Und du, Nils, wirst uns morgen eine Antwort geben«, sagt Nicolina Grün. »Du musst dich jetzt nicht entscheiden. Denke bitte in Ruhe darüber nach.«

»Und ihr drei lasst Nils bis morgen damit in Ruhe, damit er sich frei entscheiden kann und nicht zusagt, nur weil er mit euch keinen Ärger will«, fügt Herr Knabe hinzu.

»In Ordnung, Herr Knabe«, antwortet Mia.

Emma grummelt nur leise vor sich hin. Sie ist nicht mit dem ablehnenden Verhalten ihres Freundes einverstanden.

***

»Nils möchte nicht zum Schüler-Beobachter-Team gehören«, berichtet Amelie und setzt sich auf einen der kunstvollen Stühle in der Galerie ihrer Mütter.

»Was ist denn die Aufgabe dieses ›Schüler-Beobachter-Teams‹?«, hakt Celia Sanders nach.

Während ihre Frau Sabine noch etwas in den Geschäftsbüchern nachrechnet, widmet sie sich den Problemen ihrer Zwillinge. Sie setzt sich zu Amelie und wartet auf die Antwort.

»Wir sollen die Schüler bespitzeln«, platzt Nils heraus.

Mia verdreht die Augen. »Wir sind doch keine Spione, Nils. Wir sollen lediglich die Mobber in unserer Klasse beobachten und alles aufschreiben, was sie in der Woche anstellen.«

»Klingt für mich auch nach Spionage«, murmelt Sabine Sanders.

Celia schnauft empört. »Du sitzt über der Buchhaltung und hältst dich da raus, Sabine! Ich finde, das klingt nach einer echten Chance! Ihr wollt das Mobbingproblem in eurer Klasse beenden und das scheint mir eine wirksame Lösung zu sein.«

»Ich fühle mich aber unwohl dabei«, sagt Nils und verschränkt die Arme trotzig vor der Brust.

»Dann lass es! Bauchgefühle sind ernst zu nehmen«, mischt sich Sabine Sanders erneut ein.

Celia verdreht die Augen. »So ein Blödsinn! Erst einmal sollte Nils seinem Bauchgefühl auf den Grund gehen. Also Nils, warum fühlst du dich schlecht dabei?«

Nils zuckt mit den Schultern. »Ich bin sowieso schon anders als die anderen. Wenn ich jetzt auch noch als Spion arbeite, dann brauche ich gar nicht mehr zur Schule zu gehen. Dann wird sich keiner mehr mit mir abgeben.«

Celia ergreift die Hand ihres Sohnes und zieht ihn in ihre Arme. »Mein kleiner, großer Schatz! Du bist nicht anders. Sabine und ich sind anders. Zumindest ein bisschen. Aber wir sind alle Menschen und das ist doch das einzige, was zählt.«

»Genau«, sagt Amelie im Brustton der Überzeugung, »der Charakter zählt, nicht das, was ein Mensch bevorzugt.«

Celia zwinkert ihrer Tochter zu. »Ich sehe, wir haben dich gut erzogen.«

»Ich bin das Kind einer Regenbogenfamilie. Meine Mütter sind lesbisch und mein Vater ist schwul. Ich kann kein Spion sein«, ruft Nils verärgert und springt auf.

Plötzlich öffnet sich die Tür und Jakob Wietmüller, der Vater der Zwillinge, betritt die Galerie.

»Hallo, alle zusammen! Was ist denn hier los? Gibt es Probleme?«, fragt Jakob überrascht, als er Nils wütendes Gesicht sieht.

Nils schneidet eine Grimasse. Dann läuft er zu seinem Vater und fällt ihm um den Hals.

»Uff!«, stöhnt Jakob, der von der Wucht der Umarmung fast wieder rückwärts aus der Tür fällt. »Ich wollte euch eigentlich eine frohe Botschaft übermitteln. Aber ich glaube, das verschiebe ich auf später.«

»Nein, nein, Jakob, erzähl es uns jetzt«, sagt Celia neugierig grinsend.

»Ja, Papa, erzähl es uns jetzt!«, fleht nun auch Amelie und umarmt ihren Vater kurz.

Jakob setzt sich auf einen hohen Barhocker. »Ich werde heiraten!«, verkündet er stolz.

Nils Gesicht erhellt sich augenblicklich. »Etwa eine Frau?«

Jakob bleibt vor Staunen der Mund offen stehen. »Äh… nein«, sagt er gedehnt. »Wie kommst du denn darauf?«

Enttäuscht lässt Nils die Schultern hängen.

»Nils hat plötzlich ein Problem damit, dass er ein Regenbogenkind ist«, klärt Amelie ihren Vater auf. Sie verdreht die Augen und seufzt. »Dabei ist das doch das Coolste überhaupt! Ich liebe es, in einer Regenbogenfamilie zu leben und ich würde gerne mit Nils tauschen. Er darf nämlich zum Schüler-Beobachter-Team dazustoßen.«

Jakob hebt die Augenbrauen. »Schüler-Beobachter-Team? Klingt interessant. Was ist die Aufgabe dieses Teams?«

Er beugt sich zu Amelie hinunter und drückt ihr einen Kuss auf die Stirn. »Im Übrigen freut es mich sehr, dass du dich als Regenbogenkind wohl fühlst.«

Amelie lächelt ihren Vater an.

»Wir sollen die Mobber in unserer Klasse ausspionieren«, antwortet Nils unwirsch.

»Das ist toll, Nils! Ich habe gehört, dass das eine sehr wirksame Methode sein soll, um so ein Mobbing in der Schule zu unterbinden«, sagt Jakob begeistert.

»Nils hat Angst, dass er dann als Spion ausgegrenzt wird«, meint Amelie.

»Kann ich gut verstehen«, mischt sich Sabine Sanders ein.

Celia verdreht die Augen. »Na, dann wissen wir ja, woher Nils diese komische Einstellung hat.«

Jakob ergreift die Hände seines Sohnes. »Ich kenne diese Ängste auch. Aber je mehr du versuchst, sie zu verdrängen, um so stärker werden sie. Sag dir einfach ›Ja, ich habe Angst. Und das ist okay‹. Ängste schützen uns davor, Dummheiten zu machen.«

»Dann ist es eine Dummheit, als Spion zu arbeiten?«, hakt Nils nach.

Jakob schüttelt den Kopf. »Nein. Du bist ja kein Spion, oder? Soweit ich das gehört habe, wissen die Mobber, dass du in dem Schüler-Beobachter-Team bist. Spione aber agieren heimlich. Niemand weiß, dass sie Spione sind.«

»Warum kennst du dich so gut aus?«, will Celia Sanders wissen.

Jakob grinst wieder, und zwar bis über beide Ohren. Seine Augen leuchten richtig. »Das führt mich wieder zu dem Grund, weshalb ich gekommen bin. Wie ihr wisst, habe ich euch meinen Freund die letzte Monate verheimlicht.«

Sabine Sanders legt ihren Stift beiseite. »Nun schieß schon los! Wer ist der Glückliche, den du heiratest?«
»Kim Savenger!«
Mia und Amelie atmen scharf ein.
»Was? Etwa der Schauspieler? *Der* Kim Savenger?«, ruft Mia entgeistert.
Jakob nickt grinsend. »Genau, der Schauspieler. Wir sind schon bald ein Jahr zusammen und vor ein paar Tagen hat er um meine Hand angehalten.«
»Wahnsinn, Papa!«, ruft Amelie begeistert. Sie springt ihrem Papa in die Arme und umarmt ihn fest. »Dann habe ich ja bald einen berühmten Vater.«
»Kim Savenger ist doch nicht unser Vater«, sagt Nils kopfschüttelnd.
Amelie winkt ab. »Du bist aber auch schlecht gelaunt! Wenn Kim Savenger unseren Papa heiratet, haben wir doch zwei Papas. Also ist Kim Savenger automatisch auch unser Vater.«
Nils wendet sich knurrend ab.
»Pubertät«, sagt Jakob nur.
»Ich freue mich für dich«, sagt Celia Sanders und umarmt Jakob. »Herzlichen Glückwunsch!«
»Dankeschön! Dann darf ich meinen Verlobten also hereinholen und ihn euch vorstellen?«, fragt Jakob nervös.
Sabine Sanders springt auf und wirft ihren Stift auf den Schreibtisch. »Du hast doch wohl deinen Zukünftigen nicht die ganze Zeit im Auto versteckt, oder?«
»Doch«, sagt Jakob grinsend.
»Dann sieh zu, dass du ihn befreist!«
Jakob macht auf dem Absatz kehrt und kommt nur wenige Sekunden später mit seinem Verlobten zurück.
Staunend betrachten die Mädchen den Schauspieler.

»Er sieht in echt noch besser aus als im Fernsehen«, wispert Mia leise.
Amelie nickt. Sie ist so überwältigt, dass sie kein Wort herausbringt. Kim Savenger ist momentan der angesagteste Schauspieler der Nation. Mit seinen dunkelblonden Haaren und blauen Augen sieht er einfach umwerfend aus.
»Hallo!« Lächelnd begrüßt Kim Savenger alle Anwesenden.
Mia betrachtet ehrfürchtig ihre Hand. Sie kann es kaum glauben, dass ihr Kim Savenger die Hand geschüttelt hat.
»Ich wusste gar nicht, dass Sie schwul sind«, platzt Nils plötzlich heraus.
Kim Savenger lächelt Nils an.
»Du darfst mich gerne duzen. Schließlich heirate ich deinen Papa und gehöre damit doch schon fast zur Familie, oder?« Er zwinkert Nils zu, doch dieser geht auf Abstand.
»Mein Bruder ist momentan etwas schwierig«, sagt Amelie.
»Es wissen nicht viele Menschen, dass Kim schwul ist«, sagt Jakob.
»Du spielst ja auch in ziemlich vielen Komödien und Liebesfilmen mit Frauen«, wirft Sabine ein.
Sie geht zu Nils und nimmt ihn in den Arm. »Schatz, auch wenn du momentan am Heranwachsen bist und du mitten in der Pubertät steckst, bitte ich dich, deine gute Erziehung nicht zu vergessen. Okay?«

Nils nickt und errötet leicht. »Ja, Mama. Entschuldige!«
Sabine Sanders strubbelt ihrem Sohn durch die Haare.
»Nils soll ein Mitglied im Schüler-Beobachter-Team werden«, erzählt Jakob seinem Verlobten stolz.
Kim Savenger macht ein überraschtes Gesicht. »Das ist toll! In Berlin bin ich Pate bei einem Anti-Mobbing-Projekt einer Schule. Die haben dort auch solche Schüler-Beobachter-Teams.«
Mia horcht auf. »Sie sind Pate? Wahnsinn!«
»Ja.« Kim Savenger lächelt Mia an. »Ich bin gefragt worden und weil ich weiß, was es heißt, wenn man ausgegrenzt wird, habe ich mich sofort bereit erklärt.«
»Ich dachte, es ist ein Geheimnis, dass du schwul bist«, platzt Nils heraus.
Kim Savenger lächelt. »Ja. Die Mehrheit weiß davon nichts. Aber ein paar wissen, dass ich mit Frauen nichts anfangen kann. Und die sind nicht sonderlich freundlich zu mir.«
Sabine schnauft entrüstet. »Wir leben im 21. Jahrhundert! Ich kann es echt nicht glauben, dass wir immer noch ausgegrenzt werden, nur weil wir anders sind.«
»Mama, du bist nicht anders«, sagt Amelie grinsend. »Du hast nur andere Vorlieben als andere Menschen. Und du bist mit einer Frau verheiratet.«
Celia Sanders lächelt breit. »Das ist mein Mädchen!«
»Könnten Sie nicht auch Pate an unserer Schule werden? Wir möchten das Zertifikat ›Schule ohne Rassismus - Schule mit Courage‹ bekommen und brauchen noch einen Paten, damit wir an dem Projekt teilnehmen können«, sagt Mia mutig.
Kim Savenger denkt kurz nach, dann nickt er. »Ja, klar. Die Idee finde ich gut. Ich helfe euch gerne.«

»Ja«, ruft Mia erfreut und klatscht Amelies Hand ab. »Das ist sooo cool!«
»Und, Nils? Wie wirst du dich entscheiden?«, hakt Jakob nach.
Nils blickt seinen Vater unsicher an.
»Gib dir selbst eine Chance, Nils! Sei mutig! Verstecke dich nicht! Vor nichts und niemandem!«, sagt Jakob.
Nils atmet einmal tief durch, dann nickt er. »In Ordnung, ich werde es machen. Ich werde Teil des Schüler-Beobachter-Teams.«

***

»Herr Knabe, wir wollten Ihnen den Bericht von der letzten Woche überreichen«, sagt Mia mit leicht zitternder Stimme. Sie ist ein wenig nervös, denn der Bericht ist nicht sonderlich gut ausgefallen.
Herr Knabe nimmt den Zettel entgegen und überfliegt ihn. Dann reicht er ihn an Nicolina Grün weiter.
Auch diese liest den Bericht.
Dann blickt sie die vier Schüler aus dem Schüler-Beobachter-Team an. »Das ist noch keine wirkliche Verbesserung. Es wundert mich, dass sich Boris, Hannes und Lennard nicht vom Mobben abbringen lassen haben, obwohl sie wussten, dass ihr alles aufschreibt.«
»Dann müssen wir die Aufsicht noch um eine weitere Woche verlängern. Ich rede nachher noch einmal mit den drei Jungs«, sagt Herr Knabe. »Wir haben dann ja auch noch den Elternabend. Vielleicht erreichen wir damit auch die Eltern der Mobber.«
»Können wir dann gehen?«, fragt Mia.
Herr Knabe nickt. »Ja, aber ich gebe euch noch einen neuen Zettel mit. Wir verlängern die Beobachtung um eine weitere Woche.«

# Der Star

»Diese Oase ist wirklich genial«, schwärmt Mia. Sie sitzt in einem der bequemen Hängestühle in der Baumschule von Emmas Papa und schlürft einen Fruchtcocktail.
»Ja, so kann man es aushalten«, bestätigt Emma.
Plötzlich kommt Oma Kassy herein. Im Schlepptau hat sie eine vollkommen aufgelöste Linda.
Überrascht springt Emma auf. »Linda, was ist passiert?«
Linda wischt sich die Tränen von den Wangen. »Es gab mal wieder Streit zuhause. Mein Vater hat mir Fernsehverbot und Hausarrest erteilt.«

Mit großen Augen starren die Mädchen sie an.
»Warum?«, fragt Mia schließlich.
»Meine Pflegeschwester Manuela macht mir die Hölle heiß. Zuerst habe ich mich gefreut, dass ich eine Schwester bekommen habe, denn meine Eltern wollten keine eigenen Kinder mehr haben. Aber jetzt hat sie sich als Teufel entpuppt.«
»Als Teufel?« Mia rümpft die Nase.
Emma führt Linda zum dritten Hängesessel. »Setz dich und erzähl!«
»Soll ich euch alleine lassen?«, fragt Oma Kassy.

Emma schaut fragend zu Linda, aber die schüttelt den Kopf. »Nein, nein, Sie brauchen nicht gehen.«
Oma Kassy lacht leise. »Bitte sag nicht ›Sie‹ zu mir, sonst fühle ich mich wie ein alter Stein.«
»In Ordnung«, sagt Linda und lächelt zaghaft.
»Wir brauchen einen vierten Hängesessel«, stellt Oma Kassy fest. »Den werde ich gleich nachher noch bestellen.«
»Du kannst dich mit zu mir setzen, Oma«, sagt Emma und klopft neben sich aufs Polster.
Oma Kassy nickt und schlüpft zu ihrer Enkelin in den Hängesessel.
»Du hast eine Pflegeschwester?«, hakt Oma Kassy nach.
Mia schneidet eine Grimasse. »Ja, aber ich glaube, sie ist mit Vorsicht zu genießen.«
»Stimmt. Leider. Zuerst war sie wirklich nett. Auch wenn es mich genervt hat, dass ich sie überall mit hinschleppen musste«, sagt Linda. »Aber ich war endlich nicht mehr so allein.«
»Und jetzt?«, fragt Emma neugierig.
Linda schnaubt sich die Nase aus. »Jetzt zeigt sie ihr wahres Gesicht. Sie tischt meinen Eltern irgendwelche Lügen über mich auf und die glauben das auch noch. Ich kann mich verteidigen, so viel ich will, aber mein Vater glaubt ihr! Ihr! Ich meine, sie ist ein Kind aus dem Heim. Und ich bin seine echte Tochter.«
»Komisch«, sagt Mia nachdenklich. »Deine Mutter ist doch bei der Polizei. Lernt man da nicht, dass man alle Seiten anhören und Beweise sammeln muss?«
Linda schnauft empört. »Oh ja, das lernt man bei der Polizei. Aber zuhause ist meine Mutter ganz anders. Sie hat mich heute gefragt, warum ich meine Schwester mit einem Messer bedroht habe.«

Mia und Emma fallen fast die Augen aus dem Kopf. »Was hast du gemacht?«

Linda schüttelt den Kopf. »Ich habe das doch gar nicht getan! Das hat sich Manuela nur ausgedacht. Sie will meine Eltern für sich alleine haben. Ich bin im Weg und sie will mich loswerden.«

»Bist du sicher, dass sie dich wirklich loswerden will?«, mischt sich Oma Kassy ein.

Linda nickt. Wieder purzelt eine Träne über ihre Wange. »Sie hat mir heute gesagt, dass sie mich fertigmachen wird. Sie wird so lange Lügengeschichten über mich erzählen, bis ich im Heim bin und sie meine Eltern für sich hat.«

»Dann solltest du nächstes Mal euer Gespräch mit dem Handy aufzeichnen«, schlägt Emma vor.

Nachdenklich zupft sich Oma Kassy an den Haaren herum. »Habt ihr denn gar keinen Betreuer vom Jugendamt oder einen Psychologen, der euch mit dem Mädchen hilft? Aus was für einer Familie kommt die Kleine?«

Linda zuckt mit den Schultern. »Wir wissen nicht viel. Mama sagt, die Akte von Manuela ist geschlossen und niemand darf hineingucken. Erst wenn sie 18 Jahre alt ist, bekommt sie selbst einen Einblick.«

»Und hat sie dir was von ihrem Elternhaus erzählt?«, hakt Emma nach.

Linda nickt. »Ich weiß, dass ihre Eltern beide viel Alkohol getrunken haben. Ihr kleiner Bruder ist fünf. Er spricht kein einziges Wort. Die Eltern sollen ihre Kinder misshandelt haben. Und Manuela war wohl eher die Mutter ihres Bruders als die Schwester.«

»Da habt ihr euch aber viel vorgenommen«, sagt Oma Kassy.

»Wie meinst du das, Oma?«, fragt Emma.

»Nun«, sagt Oma Kassy, »das Mädchen scheint aus einer sehr kaputten Familie zu kommen. So ein Kind bei sich in der Familie aufzunehmen, ohne dass man die Hilfe von Therapeuten annimmt, halte ich für sehr gefährlich. Das hält doch keine Familie aus.«
»Mein Vater war früher selbst im Heim«, platzt Linda plötzlich heraus.
»Echt?« Mia ist überrascht.
Linda nickt. »Darum wollte er Manuela auch bei uns aufnehmen. Aber sie ist ein Teufel in Menschengestalt.«
»Du solltest mit deinen Eltern reden!«, sagt Mia. »Erzähle ihnen, was Manuela zu dir gesagt hat.«
Linda fängt wieder an zu weinen. »Sie glauben mir kein Wort. Ich habe es schon probiert.«
»Dann helfen wir dir«, sagt Emma entschlossen und springt auf. »Kommt! Wir gehen alle zusammen zu Linda.«
Mia nickt.
Nur Linda blickt unsicher in die Runde. »Meint ihr wirklich, dass das was bringt?«
»Ein Versuch ist es wert«, sagt Emma.
»Genau. Wer nicht wagt, der nicht gewinnt«, fügt Oma Kassy hinzu.
»In Ordnung«, sagt Linda und folgt ihren Freundinnen nach draußen.

***

»Linda, warst du weg?«, fragt Lindas Mutter überrascht.
»Du hast doch Hausarrest«, sagt Lindas Vater wütend.
Emma hebt mutig eine Hand. »Herr Kamm, wir würden gerne mit Ihnen reden.«
Verärgert, aber doch ein bisschen verwundert hebt Herr Kamm eine Augenbraue. »Und worüber?«

Mia räuspert sich. »Sie haben Linda zu Unrecht bestraft. Sie hat Manuela nicht mit dem Messer bedroht.«
»Warum sollte sich Manuela das ausdenken?«, wirft Lindas Mutter ein.
Emma ist empört. »Also, Frau Kamm, ich dachte, Sie sind Polizistin!«
Lindas Mutter lacht erstaunt auf. »Ja, das bin ich. Aber was spielt das für eine Rolle?«
»Das spielt eine sehr große Rolle. Sie sollten doch am besten wissen, dass Täter oft lügen. Sie sollten doch eigentlich wissen, dass man sich beide Seiten anhört und erst Beweise sammeln muss, bevor man jemanden bestraft«, sagt Emma wütend.
Lindas Mutter wird wieder ernst. »Das ist richtig, Emma. Aber…«
»Im Zweifel für den Angeklagten, sagt meine Mutter immer«, wirft Mia ein. Ihr klopft das Herz bis zum Hals, weil sie sich gegen Lindas Eltern auflehnt, aber sie will ihrer Freundin unbedingt helfen.
»Setzt euch!«, sagt Lindas Vater streng.
Alle setzen sich an den Küchentisch.
»Linda, du behauptest also, dass du Manuela nicht mit dem Messer bedroht hast?« Streng sieht Herr Kamm seine Tochter an.
Linda purzelt eine Träne über die Wange.
Stumm nickt sie.
Tröstend legt Mia ihr eine Hand auf den Arm. »Linda würde so etwas nie tun! Das sollten Sie als Ihr Vater doch eigentlich wissen, oder?«
»Linda?«, bohrt Lindas Vater nach.
»Nein, ich habe sie nicht bedroht. Sie will mich loswerden. Darum erzählt sie Lügen über mich«, sagt Linda schließlich unter Tränen.

Lindas Vater steht auf und holt Manuela aus ihrem Kinderzimmer. Fast ein wenig schüchtern setzt diese sich an den Küchentisch.

»Manuela, erzähle uns doch bitte noch einmal, was heute Morgen passiert ist«, fordert Herr Kamm seine Pflegetochter auf.

Manuela schluckt. »Hier? Jetzt? Vor all den Leuten?«

Herr Kamm nickt.

Manuela verschränkt die Arme vor der Brust. Dann sagt sie trotzig: »Linda hat mich mit dem Messer bedroht, weil ich ihr das letzte Brot weggenommen habe.«

»Das ist nicht wahr«, platzt Linda heraus.

»Dann zeig uns doch mal, wie Linda das gemacht hat«, fordert Lindas Mutter Manuela auf.

Unsicher erhebt sich die Achtjährige. Dann geht sie zur Besteckschublade und holt ein Messer heraus. Mit drohender Geste hält sie es in die Höhe.

Linda schlägt sich weinend die Hände vors Gesicht.

»Du lügst!«, ruft Emma erbost. »Du lügst, damit du Linda loswirst. Du willst, dass sie ins Heim geht und du Lindas Eltern für dich alleine hast.«

»Emma!«, sagt Lindas Mutter erschrocken. »Was redest du denn da?«

Ängstlich wirft Manuela das Messer von sich. Mit einem lauten Krachen fliegt es über die Fliesen.

»Man darf nicht lügen. Sag die Wahrheit!«, fordert Emma sie auf. In drohender Geste nimmt sie die Haltung eines Karatekämpfers ein.

Entsetzt weicht Manuela zurück. »Ich habe nicht gelogen. Linda hat mich bedroht.«

»Das hat sie nicht! Du hast ihr gedroht! Du hast ihr gesagt, dass du alles tun wirst, damit sie gehen muss. Gib es endlich zu, du kleines, verlogenes Gör!«, ruft Emma außer sich.

»Kinder, nun beruhigt euch!«, ruft Herr Kamm ganz verstört.

Plötzlich bricht Manuela in Tränen aus und sackt in sich zusammen. »Schickt ihr mich jetzt wieder weg?«

Lindas Mutter atmet fassungslos ein. »Was? Dann ist es wahr? Du hast gelogen, damit wir auf Linda sauer sind und sie bestrafen?«

Manuela nickt. Betreten schaut sie zu Boden und wagt es nicht, aufzublicken.

Vor Staunen bleibt auch Herrn Kamm der Mund offen stehen. »Du hast uns absichtlich belogen? Ich schätze, das ist nicht das erste Mal gewesen, oder?«

Manuela schüttelt den Kopf.

»Seht ihr! Ich habe euch gesagt, dass das alles nicht stimmt. Ich habe euch gesagt, dass Manuela lügt. Sie ist eine blöde Kuh! Ich will nichts mehr mit ihr zu tun haben. Und wenn ihr sie behalten wollt, dann suche ich mir eine neue Familie«, ruft Linda und stürmt aus der Küche. Sie reißt die Haustür auf und rennt aus dem Haus.

Plötzlich hören sie Reifenquietschen und ein lautes Krachen.

Wie erstarrt bleiben alle für einen kurzen Moment sitzen, dann rennt Lindas Mutter zuerst auf die Straße.

Mia und Emma folgen ihr gemeinsam mit Herrn Kamm.

Linda liegt auf der Straße und rührt sich nicht mehr.

Ein Autofahrer springt aus dem Auto. »Oh Gott! Sie kam einfach aus dem Nichts. Ich habe sie nicht gesehen!«

Lindas Mutter zückt ein Handy und ruft den Rettungswagen. Dann untersucht sie ihre Tochter.

»Linda? Linda? Kannst du mich hören?«

Linda stöhnt leise. »Mama?« Sie öffnet die Augen und blickt sich fragend um. »Was ist passiert?«
»Du bist einfach auf die Straße gelaufen, mein Schatz«, antwortet Lindas Mutter.
Linda versucht aufzustehen, doch Lindas Mutter drückt sie zurück auf den Asphalt. »Warte, Liebes! Zuerst wird der Notarzt gucken, ob es dir gut geht. Tut dir etwas weh?«
Linda fasst sich an den Kopf. »Mein Arm und mein Kopf tun weh.«
Nur eine Minute später kommen der Rettungswagen und der Notarzt. »Wo ist denn die Patientin?«, fragt der junge Arzt.
Linda lächelt schwach.
Der Arzt untersucht sie grob und wendet sich dann an Lindas Eltern. »Wir nehmen sie mit in die Klinik. Ich kann nichts genaues sagen, aber ich befürchte, Ihre Tochter hat sich den Arm gebrochen und vielleicht hat sie auch eine Gehirnerschütterung.«
Lindas Mutter nickt. »Kann ich mitfahren?«
»Natürlich«, sagt der Arzt.
»Ich glaube, wir brauchen Hilfe«, sagt Lindas Vater mit leiser Stimme.
Der Arzt legt ihm eine Hand auf den Arm. »Die bekommen Sie doch jetzt.«
Lindas Vater wischt sich über die Augen. »Nein, nein, das meinte ich nicht. Ich glaube, wir als Familie brauchen Hilfe. Ich habe die Situation unterschätzt. Ich habe mir das so romantisch vorgestellt. Man holt sich ein Kind aus dem Heim und gibt ihm ein Zuhause. Aber das Ganze ist viel komplizierter, als es auf den ersten Blick aussieht. Es ist wohl doch nicht so einfach, ein Pflegekind aus einer kaputten Familie aufzunehmen, wenn man eigene Kinder

hat, ohne das Jugendamt und einen Therapeuten mit einzuschalten.«

»Das kann ich nicht beurteilen«, sagt der Arzt, »ich war noch nie in einer solchen Situation, aber ich denke, es ist immer gut, mit Profis zusammenzuarbeiten.«

***

Nervös knetet Nils seine Hände. Gleich muss er zu Madita Lustig, der Schulsprecherin, auf die Bühne. Immer wieder schaut er zur Tür. Sein Vater hatte mit Kim Savenger längst da sein wollen.

»Was denkt ihr, wenn jemand in unserer Schule einen Mitschüler oder eine Mitschülerin anpöbelt oder verprügelt? Schaut ihr weg? Seid ihr froh, dass es euch nicht betrifft? Wir, der Schülerrat, und auch ihr mit euren Unterschriften, haben uns entschieden, nicht mehr wegzuschauen. Wir wollen uns gegen Diskriminierungen und Angriffe verteidigen. Wir wollen eine Schule sein, in der jeder Mensch auch als Mensch akzeptiert wird, und zwar so, wie er ist. Egal, ob er eine andere Hautfarbe hat, andere Kleidung oder andere Körpermaße«, sagt Madita ins Mikrofon.

Erleichtert atmet Nils auf. Er hat soeben seinen Vater mit Kim entdeckt. Beide winken ihm kurz zu und gehen dann in Richtung Bühne. Mit zittrigen Beinen erhebt sich Nils, kämpft sich durch die Menge und geht ebenfalls zur Bühne.

»Wir wollen eine Schule sein, an der es keine Ausgrenzung und kein Mobbing gibt. Wir möchten das Zertifikat ›Schule ohne Rassismus - Schule mit Courage‹ erwerben. Unterschriften haben die meisten schon auf unserer Liste verewigt und heute begrüßen wir unseren Paten.« Madita winkt Nils zu. Nils folgt der Aufforderung und klettert zu ihr auf die Bühne.

»Was will die Schwuchtel da oben? Ich dachte, wir suchen einen echten Paten«, ertönt es aus einer der ersten Reihen.

Bevor Madita darauf reagieren kann, sagt Nils: »Als Paten darf ich euch Kim Savenger präsentieren, einen der beliebtesten Schauspieler, die wir momentan in Deutschland haben. Kim Savenger, herzlich willkommen!«

Zuerst schauen alle Schülerinnen und Schüler mit Staunen, wie der berühmte Schauspieler die Bühne betritt und Nils kurz umarmt.

Dann bricht großer Jubel und Applaus aus.

Kim Savenger lächelt charmant und hebt eine Hand zum Gruß. Er stellt sich an das Rednerpult und spricht ins Mikrofon. »Danke! Vielen Dank! Ich freue mich, dass ich heute hier bei euch sein darf…«

Der Applaus ebbt ab.

Kim Savenger winkt Jakob auf die Bühne, der sie nur zögernd betritt. »Und falls ihr glaubt, ich habe die demütigende Bemerkung eben nicht gehört, muss ich euch enttäuschen. Und bevor weitere Gerüchte aufkommen, möchte ich euch meinen Verlobten und meinen Stiefsohn vorstellen. Das«, er stellt sich zwischen Nils und Jakob und legt beiden einen Arm um die Schultern, »sind Jakob Wietmüller und sein Sohn Nils, meine Familie. Ich bin schwul und ich werde nicht länger ein Geheimnis daraus machen. Ich bin so, wie ich bin: Ein Mensch.«

Es ist mucksmäuschenstill.

»Und ich freue mich sehr, dass ihr mich als Paten für euer Schulprojekt ausgewählt habt«, fügt Kim Savenger hinzu.

Emma klatscht in die Hände.

Einige Lehrer folgen ihr, dann applaudieren alle Schüler.
Alle, bis auf Lennard, Boris und Hannes.
Aber das bemerkt in dem Trubel niemand.
Kim Savenger beugt sich noch einmal über das Mikrofon. »Und wie ihr sicherlich schon wisst, brauchen wir ein Projekt, um uns aktiv gegen Diskriminierung einzusetzen. Madita hat schon ein paar Ideen. Wer noch mit in das ›Courage-Team‹ möchte, der kann sich nachher bei uns melden. In acht Wochen soll dieser Schule dann der Titel ›Schule ohne Rassismus - Schule mit Courage‹ verliehen werden. Danach starten wir mit den Projekten. Ich danke euch fürs Zuhören!«
Die Zuhörer applaudieren erneut.
»Was hat Madita für Ideen?«, fragt Emma Mia leise.
Mia lächelt. »Sie hat zum Beispiel vorgeschlagen, dass wir in der Schule zwei verschiedene Selbstverteidigungskurse anbieten, damit Jungs wie Mädchen lernen, sich verbal und körperlich gegen Angriffe zu wehren.«
»Das finde ich gut«, sagt Emma anerkennend.
»Außerdem wollen wir ein Theaterstück aufführen, in dem es um Respekt und Toleranz geht«, fügt Mia noch hinzu.
»Madita ist wirklich cool. Ich mag sie«, sagt Emma anerkennend.
Mia nickt. »Ja, so cool möchte ich auch mal werden.«
»Bist du doch schon«, sagt Emma und umarmt ihre Freundin.
Mia lächelt und drückt Emma fest an sich. »Danke, dass du meine Freundin bist.«
»Das bin ich gerne«, sagt Emma und zwinkert ihr zu.

***

»Bist du bereit?«, fragt Emma.

Mia nickt und schnappt sich den Kuchen, den Sophie extra für ihr Klassentreffen gebacken hat.
»Holen wir die Zwillinge noch ab?«, hakt Emma nach.
Mia schüttelt den Kopf. »Amelie und Nils wollten direkt kommen. Sie sind wohl noch mit ihrem Papa unterwegs.«
»Egal. Wir schaffen es auch ohne die beiden. Was haben sie eigentlich dazu gesagt, dass du von Lucy und Mirja als ›Monster‹ verkauft wurdest?« Emma nimmt Mia den Rucksack ab und geht den Weg zum Gartentor hinauf.
Mia folgt ihr. »Sie meinten, das sei dummes Gerede und ich soll mir ein Ei darauf backen.«
Emma lächelt. »Siehst du! Die Zwillinge wissen auch, wie schwer das Leben manchmal ist und hören nicht auf das Gerede anderer Leute.«
»Ja, das stimmt.«
Emma öffnet das Gartentor und geht schnurstracks zu einer langen weißen Limousine.
»Wo willst du hin?«, fragt Mia verwirrt. »Ich dachte, wir gehen zu Fuß.«

Die Fahrertür öffnet sich und ein Chauffeur strafft seinen Anzug. Er öffnet die hintere Tür und Oma Kassy steigt

mit einem breiten Grinsen aus. »Hallo Mia, ich dachte, ihr könnt ein wenig Schützenhilfe gebrauchen«, sagt sie.
Mia schluckt. »Ist das nicht ein bisschen peinlich?«
Oma Kassy lacht lauthals los. »Ja. Und genau das ist der Spaß daran. Wir holen uns dein gutes Gefühl wieder. Du hast gleich einen tollen Auftritt. Danach können die Leute über dich reden, bis sie selbst ganz schwarz werden.«
Oma Kassy nimmt Mia den Kuchen ab und lässt sie einsteigen. In der Limousine sieht es richtig schick aus.
Mia nimmt auf den Ledersesseln Platz und lässt sich von Emma einen kleinen Fruchtcocktail reichen. In den Türen entdeckt sie Fächer mit einer großen Auswahl an Süßigkeiten. Es ist das reinste Zuckerparadies.
»Na, hoffentlich schaffe ich das Glas, bevor wir dort ankommen«, sagt Mia. »Danke!«
»Wir haben ja auch noch einen Rückweg«, erwidert Emma grinsend.
Schlürfend lehnt sich Mia zurück. »Ich bin ganz schön aufgeregt. Was ist, wenn sie über mich herfallen?«
Emma legt ihr eine Hand auf die Schulter. »Dann bin ich auch noch da. Und ich kann Karate.«
»Und die Zwillinge kommen doch auch«, wirft Oma Kassy ein.
Der Wagen stoppt bereits nach wenigen Minuten und der Chauffeur öffnet die Tür.
Mit klopfendem Herzen klettert Mia aus dem Wagen.
Das Klassentreffen findet auf einem privaten Spielplatzgelände statt. Mia beäugt die vielen Menschen, die innehalten und auf das Auto starren.
Sie sieht, wie die Kinder aus ihrer alten Klasse anfangen zu tuscheln.
Im gleichen Augenblick hält ein VW Golf neben ihnen und die Zwillinge springen aus dem Auto.

»Hallo Mia! Wir haben uns extra beeilt«, ruft Amelie und winkt ihnen zu.

»Wo ist Linda? Wollte sie nicht mitkommen?«, fragt Mia nervös.

»Linda wird erst heute aus dem Krankenhaus entlassen. Mit Gipsarm. Sie hat den Arm gleich zweimal gebrochen. Aber sie lässt dich schön grüßen und wünscht dir viel Kraft«, sagt Amelie.

Mia atmet tief durch.

Dann marschiert sie gemeinsam mit Emma, Amelie und Nils mutig über den Rasen. Dabei klammert sie sich an ihrem Kuchen fest.

»Dass die sich hierher wagt!«, ruft ein Junge.

Mia wagt nicht nachzusehen, wer das war. Sie glaubt, die Stimme zu erkennen. Es hörte sich ganz nach Hans an.

»Vorsicht, das Monster kommt«, ruft Mirja und lacht gehässig.

»Halt die Klappe, Mirja«, knurrt Thomas. »Lasst Mia endlich in Ruhe!«

»Bist du etwa in sie verliebt?«, kreischt Mirja fast schon hysterisch.

Thomas blickt sie finster an und schweigt.

Tapfer beißt Mia die Zähne zusammen und stellt ihren Kuchen auf dem Tisch ab.

Emma baut sich vor Mirja auf. »Wenn Mia ein Monster ist, dann bin ich ein noch größeres Monster. Pass bloß auf, dass ich dich nicht fresse!« Emma bellt Mirja an, die erschrocken nach hinten strauchelt und schließlich über ein Bobby Car fliegt. Sie landet im nassen Gras.

»Na, hast du dir Verstärkung mitgebracht?«, blafft Lucy ihre ehemalige beste Freundin an.

Mia dreht sich zu ihr um. »Hallo Lucy!«

»Ich kann gar nicht verstehen, dass wir mal beste Freundinnen waren. Du siehst furchtbar aus. Hast du mal in den Spiegel geschaut?« Lucy hat ein blaues Seidenkleid an und ist sehr stark geschminkt. Sie sieht aus, als wenn sie auf einen Tanzball gehen wollte. Auffällig mustert sie Mia von Kopf bis Fuß. Dann wendet sie sich an Emma. »Und du bist wohl Pippi Langstrumpf, was? Von dir habe ich ja schon viel gehört. Kommst aus dem Nachbarort.«
»Und du bist wohl die Geschichtenerzählerin von Bärenklau, was? Haust ehemalige Freundinnen zum Frühstück in die Pfanne, als wenn du keinen anderen Sport hast«, kontert Emma.
Lucy zuckt kaum merklich zurück.
Dann lächelt sie. »Dein Ruf eilt dir voraus! Kein Wunder, dass Mia mit dir befreundet ist. Du würdest vermutlich auch den Kackehaufen deines Hundes verteidigen.«
Emma stemmt die Hände in die Hüften. »Das zeigt immerhin, dass ich Charakter habe, im Gegensatz zu dir. Du redest schlecht über andere Menschen und genau das zeigt, wer du wirklich bist.«
»Danke, Emma!«, sagt Mia und drängelt sich vor. »Lucy, ich kann auch nicht verstehen, dass wir mal befreundet waren. Du bist fies und hinterhältig. Du magst zwar äußerlich hübsch sein, aber innerlich bist *du* in Wirklichkeit ein Monster.«
Mia streckt ihren Rücken durch. »Emma, hast du Lust, ein Eis essen zu gehen? Ich glaube, hier sind nur dumme Menschen, die schlecht über andere reden oder das dumme Geschwätz anderer auch noch ungefragt glauben.«
Emma lächelt ihre Freundin stolz an. »Das ist der beste Vorschlag des Jahrhunderts. Wir lassen die Meute unter sich und machen etwas Besseres.«

Beide machen auf dem Absatz kehrt und gehen zur Limousine.
»Wartet!«, hören sie Amelie rufen. »Ich komme auch mit.«
»Ich auch«, sagen Thomas und Nils gleichzeitig.
Mia blickt zu Thomas.
Ihr Herz macht dabei einen aufgeregten Hüpfer.
Er hat sie ernsthaft verteidigt.
Dann sagt sie mutig: »Das trifft sich gut. Wir haben noch Plätze im Auto frei.«
Amelie ergreift die Hände von Emma und Mia. Sie gehen zum Auto, um sich gemeinsam mit den beiden Jungs zur Eisdiele im Nachbarort kutschieren zu lassen.
»Wie kann man eigentlich ein Mädchen beeindrucken?«, wendet sich Nils an Oma Kassy.
Emmas Oma blickt den Zwilling erstaunt an. Sie plustert die Backen auf und lässt Luft ab. »Hm. Also, ich würde sagen, der Junge muss Manieren haben. Und er darf ruhig Humor haben.« Sie wendet sich an die Mädchen. »Mädels, was meint ihr?«
Mia blickt kurz zu Thomas, dann sagt sie: »Ja, er soll höflich und nett sein. Und ich finde, der Junge darf sportlich sein.«
»Ich bin sportlich«, sagt Nils nachdenklich.
»Ich auch«, murmelt Thomas mit einem Seitenblick auf Mia.
Mia lächelt ihn an.
»Danke«, sagt Nils zufrieden und lehnt sich zurück. »Ich bin übrigens froh, dass wir das Klassentreffen verlassen haben.«
»Ich auch«, sagt Mia erleichtert.
»Ich finde, du hast dich richtig gut geschlagen, Mia«, sagt Emma, während sie im Eiscafé ihre Chipstüte öffnet.

Mia taucht ihren Löffel ins Eis. »Ja. Ich fühle mich, als hätte ich die Olympiade gewonnen.«
Oma Kassy lacht leise. Sie stippt einen Kartoffelchips von Emma in ihr Schokoladeneis. »Siehst du! Und das ist genau das, was du im Leben für dich tun kannst! Gib dir selbst eine Chance und lass dich niemals kleinkriegen.«
»Niemals. Das hast du gar nicht nötig«, betont Thomas und zwinkert Mia zu.
Mia spürt, wie ihre Wangen anfangen zu brennen.
Amelie schmatzt genüsslich. »Genau. Lass dir dein Leben von niemandem kaputtmachen! Niemand hat das Recht, schlecht über dich zu reden. Und diejenigen, die das trotzdem tun, bekommen ihre Strafe auch irgendwann.«
Im gleichen Augenblick donnert es laut und ein heftiger Regenguss setzt ein.
»Kinder, wir haben alles richtig gemacht. Wir essen das beste Eis der Welt unter einer wetterfesten Überdachung, während das Klassentreffen wortwörtlich ins Wasser fällt«, sagt Oma Kassy und erntet leises Gelächter.

# Sei schlagfertig!

»Heute bin ich mal aufgeregt«, verrät Oma Kassy und verdreht die Augen.
Mia und Emma kichern.
»Echt? Aber Oma, das ist doch nur ein ganz normaler Kurs, damit wir ein bisschen schlagfertiger werden«, sagt Emma und umarmt ihre Großmutter.
Oma Kassy seufzt theatralisch. »Ja, das weiß ich doch. Ich hoffe, ich bin nicht zu alt für diesen Kurs.«
»Kann man zu alt sein, um etwas zu lernen?«, hören sie eine weibliche Stimme hinter sich.
Die drei drehen sich um.
Vor ihnen steht eine Frau mit honigblondem Struwwelkopf und hält ihnen die Hand entgegen. »Hallo! Ich bin Pamela Kurz. Nennt mich bitte Pam. Das geht schneller.«
»Ich bin Emma und das ist meine Oma Kassiopeia«, sagt Emma mutig. Sie dreht sich zu Mia um. »Und das ist meine Freundin Mia.«
Pam hebt erstaunt die Augenbrauen. »Kassiopeia? Was für ein außergewöhnlicher, aber doch großartiger Name!«

»Nenn mich Kassy, das geht auch schneller«, witzelt Oma Kassy und fächert sich Luft zu.
Pam lacht leise und hebt den Daumen. »Das war doch schon ganz schlagfertig. Vielleicht kann ich heute noch was von dir lernen?«
Mia winkt ab. »Von mir nicht. Ich bin ganz schlecht im Schlagfertigsein. Meistens fällt mir erst Stunden später ein, was ich alles hätte sagen können.«
»Na, dann kommt mal mit rein!«
Sie folgen Pam in einen großen Raum, der ganz in hellem Blau angemalt ist. Überall liegen Sitzkissen herum. Auf ein paar der Kissen sitzen bereits mehrere Frauen.
Eilig setzen sich Mia, Emma und Oma Kassy auf die freien Plätze.
»Hallo, ich bin Pamela Kurz und freue mich, Sie heute hier begrüßen zu dürfen. Ich würde es super finden, wenn wir uns der Einfachheit halber alle duzen könnten. Hat jemand etwas dagegen?«
Niemand meldet sich.
Pam klatscht in die Hände. »Fein. Ihr kennt das sicherlich alle, man bekommt einen Spruch an den Kopf geworfen und hat überhaupt keinen Plan, was man darauf antworten soll. Stunden später fallen einem dann etwa tausend Lösungen ein, wie wir darauf hätten reagieren können, und zwar so, dass es uns dabei gut geht.«
Einige der Anwesenden nicken.
»Man denkt sich, wenn man die Person das nächste Mal trifft, dann haut man der aber ein paar Sätze um die Ohren, die sich gewaschen haben. Dann zeigt man demjenigen, wo der Hammer hängt. Aber wisst ihr was? Ich musste in meinem bisherigen Leben feststellen, dass es eine solche Gelegenheit meistens nicht mehr gibt. Zeit ist vergänglich und die Gelegenheiten sind futsch.«

»Das stimmt allerdings«, sagt Oma Kassy im Brustton der Überzeugung. »Ich muss das wissen, ich bin alt.«
Pam grinst. »Alter ist nur eine Zahl, oder? Man ist immer so alt, wie man sich fühlt.« Sie zwinkert Oma Kassy zu. »Ich möchte heute mit euch ein paar Szenen üben, in denen ihr euch verteidigen sollt. Und natürlich erzähle ich euch auch, was ihr tun könnt, wenn euch kein schlauer Satz einfällt.«
»Das kann ich gut gebrauchen«, flüstert Mia ihrer Freundin Emma zu.
»Warum ist es ratsam, schlagfertig auf dumme oder gar beleidigende Äußerungen zu reagieren?«, wirft Pam in den Raum.
Mia meldet sich. »Wenn man in solchen Momenten nicht weiß, wie man reagieren soll, dann hat man das Gefühl, der andere nimmt das Beste von einem selbst mit und es kommt nie wieder zurück.«
Erstaunt hebt Pam beide Augenbrauen. »Holla, die Waldfee! Da könnt ihr mal sehen, dass Alter tatsächlich keine Rolle spielt. Unsere Jüngste im Bunde hat es exakt auf den Punkt gebracht.« Pam holt tief Luft und fährt fort: »Das Problem an den doofen Sprüchen anderer ist nämlich, dass wir darunter leiden, weil sie uns klein machen und demütigen. Das ist nicht gut für unser Selbstwertgefühl. Und oft haben wir lange, manchmal sogar Jahre daran zu knabbern. Darum wollen wir heute lernen, was wir in den ersten Sekunden danach sagen oder tun können, damit uns niemand unsere Würde klauen kann.«
Pam winkt zwei junge Frauen zu sich und stellt sie so hin, dass sie sich angucken. »Wie heißt ihr?«
»Brigitte«, antwortet die blonde Frau.
»Hanna«, sagt die brünette Frau.

»Okay. Wir machen ein Rollenspiel. Ihr seid Arbeitskollegen und du sagst jetzt zu deiner Kollegin ›*Hast du vergessen, dass der Chef heute kommt? Oder ist diese Hose der neueste Schrei? Gab es die auch in deiner Größe?*‹« Pam tritt einen Schritt zurück.

»Hast du vergessen, dass der Chef heute kommt?«, fragt Brigitte ihr Gegenüber.

Hanna antwortet: »Nein. Wieso?«

»Die Hose sieht ja furchtbar aus. So, als hättest du sie direkt aus der Mülltonne gefischt. Die ist ja riesig. Oder ist das neueste Mode?«, fragt Brigitte.

Unsicher gucken die beiden zu Pam.

Diese nickt zufrieden. »Sehr gut. Wie fühlst du dich jetzt, Hanna?«, fragt sie Hanna.

Hanna rümpft die Nase. »Blöd. Ich finde meine Hose schick.«

»Genau, Mode ist Geschmacksache. Wie kannst du also reagieren, damit du dich nicht blöd fühlst?«, will Pam wissen.

Hanna schneidet eine Grimasse. »Ich muss einen blöden Spruch zurückpfeffern?«

»Oder kopfschüttelnd davongehen«, wirft Oma Kassy ein.

»Sehr gut, Kassy!«, lobt Pam. »Genau. Man kann jemanden mit einem Spruch oder einer Geste in die Schranken weisen. Dann tu das bitte, Hanna!«

Hanna lächelt nervös. »Mir fällt keiner ein.«

Pam schaut auf ihre Armbanduhr. »Die drei Sekunden sind vorbei, Hanna. Damit hast du deine Chance vertan, um dich zu verteidigen.«

Pam wendet sich wieder der Gruppe zu. »Wenn euch nichts einfällt, dann hilft manchmal auch ein langer Blick, ein kurzes ›*Ach, was*‹ oder auch nur ein ›*Potzblitz*‹. Wer möchte es mal probieren?«

Mia und Emma melden sich. Sie erheben sich und stellen sich einander gegenüber auf.

»Mia, du triffst auf Emma und sagst ihr ›*Mensch, du bist aber dick geworden. Dein Papa kocht wohl zu gut, was?*‹«, sagt Pam.

Mia schluckt.

Emma hat tatsächlich ein bisschen mehr auf den Rippen. Sie würde daher niemals so etwas Fieses zur ihrer Freundin sagen.

»Nun mach schon, Mia! Trau dich!«, sagt Emma grinsend. »Schon vergessen, ich bin Pippi. Mich haut so schnell nix um.«

Mia atmet tief durch. »Okay. Hallo Emma!«

»Hallo Mia«, sagt Emma.

»Du bist aber dick geworden. Dein Papa kocht wohl zu gut was?«, sagt Mia halbherzig, aber artig.

Emma nickt und wackelt mit ihren Zöpfen. »Potzblitz! Er kocht tatsächlich das leckerste Essen der Welt. Außerdem wollte ich unbedingt in die Hose meiner Mom passen. Darum habe ich etwas zugenommen. Und bei der nächsten Hungerkatastrophe bin ich die einzige, die das überlebt.«

»Echt jetzt?«, fragt Mia verwirrt.

Emma nickt. »Echt. Die Hose gehörte meiner Mutter.«

Pam nickt zufrieden. »Sehr gut, ihr zwei. Was ist hier passiert, Leute? Emma, fühlst du dich jetzt gut oder blöd?«

Emma wackelt mit dem Kopf. »Ich fühle mich super.«

»Warum?«, wirft Pam in den Raum.

Mia meldet sich.

»Du musst dich nicht melden, Mia.« Pam nickt ihr zu.

»Emma hat ganz schnell eine Antwort gehabt, mit der ich nicht gerechnet habe. Damit hat sie mir den Wind aus den Segeln genommen«, sagt Mia.

»Richtig!«, ruft Pam begeistert. »Emma hat sich nicht beleidigen lassen. Sie hat *re*agiert. Mia hat ihr das Selbstwertgefühl nicht wegnehmen können. Und das ist das Wichtigste! Passt auf euer Selbstwertgefühl auf, wenn ihr da draußen durch die Welt marschiert.«
»Boah, ich fühle mich jetzt richtig gut«, sagt Emma vergnügt.
»Genau«, sagt Pam und nickt anerkennend, »und exakt solche Szenen wollen wir jetzt gemeinsam üben. Bildet bitte Zweier-Gruppen! Ihr bekommt jetzt ein paar Aufgaben von mir.«

***

Aufgeregt schaut Mia immer wieder auf die Uhr.
Es ist fünf Minuten vor sechs.
Gleich müssten ihre Gäste kommen.
Endlich klingelt es.
Mia läuft zur Haustür. »Emma!«
»Herzlichen Glückwunsch zum Geburtstag«, sagt Emma und hält ihr ein Geschenk entgegen.
»Danke! Komm doch herein!«
Emma folgt ihr ins Haus. »Eine Übernachtungsparty mit schleimigen Gesellen und Einhörnern klingt wirklich interessant. Ich bin sehr gespannt, was du vor hast, Mia.«
Lachend öffnet Mia das Geburtstagsgeschenk. »Cool, Emma, eine Glitzertattoo-Werkstatt! War das nicht viel zu teuer?«
»Für dich ist mir nichts zu teuer«, witzelt Emma. »Außerdem soll ich dir liebe Grüße von Oma Kassy ausrichten. Sie möchte gerne einen Termin für ein Glitzertattoo auf ihrem Oberarm.«

»Dann hat Oma Kassy sich am Geschenk beteiligt?«, fragt Mia grinsend. »Natürlich kriegt sie einen Termin. Jederzeit.«
»Das richte ich ihr aus.«
Es klingelt erneut.
Amelie und Linda stehen vor der Tür. »Hi!«
»Hallo, kommt doch herein!«
Amelie überreicht Mia eine Einhorntorte.

»Wow! Die sieht ja toll aus. Danke!«, sagt Mia bewundernd.
»Viel zu schade zum Essen«, bemerkt Linda. Sie überreicht Mia eine Geschenkschachtel und folgt den Mädels ins Haus.
Sie gehen in die Küche, wo schon allerlei Fläschchen und Farben aufgebaut sind.
Darüber hängt ein Schild mit der Aufschrift ›Schleimwerkstatt‹.
»Sag bloß, wir stellen heute selbst Schleim her?«, fragt Amelie lachend.
Mia hebt den Daumen. Da sie Lindas Geschenkschachtel zwischen den Zähnen trägt, kann sie nicht antworten. Vorsichtig stellt sie die Torte ab und nimmt das Geschenk aus dem Mund.
»Oh, was für ein Meisterwerk«, ruft Sophie beim Anblick der Einhorntorte aus.
»Muss die Torte gekühlt werden?«
Amelie schüttelt den Kopf. »Nein. Es ist Schokokuchen mit Marzipanüberzug. Das Horn ist aus Weingummimasse gegossen.«

»Hör auf!«, ruft Mia fast schon verzweifelt. »Das klingt so lecker, dass ich das Horn gleich aufessen könnte.«
»Nix da!«, sagt Sophie. »Zuerst machen wir ein Foto von dir und der Torte. Am besten stellen sich deine Gäste gleich dazu.«
»Kommt noch jemand? Jungs vielleicht?«, fragt Emma fast ein wenig hoffnungsvoll.
Mia grinst. »Wen hättest du denn gerne? Nils?«
Emma errötet.
Amelie klopft Emma auf die Schulter. »Da fällt mir doch glatt ein, dass ich dir sehr, sehr, sehr liebe Grüße von meinem Bruder ausrichten soll. Er wäre gerne heute gekommen, aber leider sind zur Übernachtungsparty nur Mädchen eingeladen.«
»Das ist auch gut so«, ertönt eine männliche Stimme hinter ihnen. Mias Papa lugt in die Küche. »Wir wollen schließlich keinen Ärger mit euren Eltern.«
»Haben Sie etwa Angst um uns?«, fragt Emma keck.
Mias Papa macht ein nachdenkliches Gesicht. »Muss ich das denn schon? Immerhin seid ihr erst dreizehn.«
Emma hebt den Zeigefinger. »Eben. Und genau deshalb hätten Sie ruhig Jungs erlauben können.«
»Touché, Emma!«, erwidert Mias Papa lachend. »Dann verschieben wir die Einladung der Jungs vielleicht auf nächstes Jahr.«
»Oh, ich habe mein Handy dabei. Es wäre kein Problem, noch schnell ein paar Jungs zu organisieren«, sagt Amelie mit ernster Miene.
Ein wenig verunsichert schaut Mias Papa erst zu Mia, dann zu seiner Frau.
Sophie verkneift sich schon die ganze Zeit ein Grinsen. Schließlich prustet sie los. »Okay, Mädels, wie ihr wollt.

Aber ich dachte, wir wollen einen echten Mädelsabend machen.«
»Mädelsabend?«, horchen die Mädchen auf.
Sophie nickt geheimnisvoll. »Ja, mit Schleimwerkstatt, Glitzertattoos, Schatzsuche, Mädchenfilm, Chips und Überraschungsbesuch.«
Neugierig schauen sich die Mädchen an.
»Überraschungsbesuch?«, fragt Mia schließlich. »Davon weiß ich ja gar nichts.«
Sophie lächelt. »Wir starten jetzt mit der Schatzsuche. Dann werden wir uns mit ein paar Pommes stärken und schließlich diese vielversprechende Schleimwerkstatt nutzen. Und wenn wir damit fertig sind, dürfte Kim mit seiner Cousine kommen.«
»Kim Savenger?«, fragt Amelie.
Und plötzlich grinst sie.
»Oh, wie gemein«, ruft Emma und zeigt auf Amelie. »Du weißt, wer kommt!«
Amelie nickt geheimnisvoll, dann schaut sie zu Sophie. »Soll ich es verraten?«
Sophie wiegt den Kopf hin und her.
Schließlich nickt sie.
»Es ist Ella«, sagt Amelie.
»Ella Savenger? Die *YouTuberin* mit dem angesagten Schminkkanal?«, fragt Linda fassungslos.
Amelie nickt. »Genau die.«
Mia reißt überrascht die Augen auf. »Wahnsinn!«
Nur Emma lässt die Überraschung kalt. Sie hat nicht sonderlich viel mit Schminken am Hut. »Ich brauche nur ein paar Pippi-Langstrumpf-Sommersprossen.«
Mia lacht. »Du hast ja auch so schöne schwarze Wimpern, dass du dich nicht weiter schminken musst. Du bist von Natur aus schön.«

»Quatsch!«, sagt Emma verlegen.
»Doch, das finde ich auch«, stimmt Sophie ihr zu.
Emma errötet.
Linda legt ihr einen Arm um die Schultern. »Unsere Pippi gibt es auch in verlegen? Wahnsinn! Dass ich den Tag noch erleben darf.«
Emma lacht leise. »Na gut, vielleicht kann ich ja auch von dieser Ella noch etwas lernen.«
»Hat hier jemand meinen Namen gesagt?«, ertönt eine Mädchenstimme.
Erschrocken schaut Sophie auf die Uhr, als der Kopf von Ella Savenger auftaucht. »Ach herrje, du bist schon da?«
Ella winkt ab. »Keine Sorge! Ich baue einfach im Wohnzimmer alles auf und ihr macht eure Schatzsuche. Und gegen ein paar Pommes habe ich überhaupt nichts einzuwenden.« Das blonde Mädchen betritt die Küche und reicht allen die Hand. »Hi, ich bin Ella.«

Nach einer kurzen Vorstellungsrunde erblickt Ella die Schleimwerkstatt. »Nein, wie cool! Eine echte Schleimwerkstatt!«
»Möchtest du nachher mitmachen?«, fragt Mia schüchtern. Es ist ein merkwürdiges Gefühl, so einen Star in seiner eigenen Küche zu haben. Schließlich hat Ella Hunderttausende von Abonnenten bei *YouTube*.

»Unbedingt! Das wollte ich schon immer mal ausprobieren«, antwortet Ella. »Aber zunächst verschwinde ich ins Wohnzimmer. Bis später, Mädels!«
Sophie winkt ihr hinterher, dann reicht sie den Mädchen einen Zettel mit einer Frage.
Linda beugt sich über Mias Schulter und liest. »*Wie viele Tage ist die Person älter als die zweitälteste?*«
Die Mädchen schreiben ihre Geburtstage auf.
»Zwölf Tage«, ruft Emma schließlich.
Sophie zeigt in den Flur. Dort hängt ein Zettel mit einer ›Zwölf‹. Die Mädels flitzen hin und lesen das nächste Rätsel.
»*Ich wachse nicht hier, aber wenn man mich verarbeitet, bin ich der Liebling aller Menschen. Was bin ich? Und wo findet ihr mich?*«, liest Mia vor. Ratlos bläst sie die Backen auf. »Keine Ahnung.«
Emma leckt sich über die Lippen. »Kakaobohnen«, sagt sie spontan. »Und daraus macht man Schokolade.«
»Und die gibt es in der Küche«, sagt Mia.
Die Mädchen gehen zurück zur Küche. Dort hängt ein weiterer Zettel.
»*Schmeckt mich heraus, ich bin die letzte von vieren*«, liest Mia vor, »*ich schmecke süß und bin doch sauer.*«
Die Mädchen schauen sich suchend um in der Küche.
»Stopp! Wer von euch will schmecken?«, fragt Sophie.
»Alle?«, fragt Mia verwirrt.
Sophie grinst. »Okay. Dann lasst euch die Augen verbinden.«
Jeder bekommt die Augen verbunden und schmeckt drei Früchte, bis sie zu den Johannisbeeren kommen.
»Das sind Johannisbeeren«, ruft Mia als Erste.
»Richtig«, sagt Sophie lachend. Sie drückt ihrer Tochter einen Zettel in die Hand.

»*Wo wachse ich?*«, liest Mia vor. Sie blickt auf. »Na, im Garten! Wo sonst?«
Die Mädchen rennen nach draußen.
Dort lehnt ein Spaten am Schuppen.
Emma hält Mia fest. »Sollen wir jetzt buddeln?«
Mia schaut sich um. »Bestimmt nicht im Obstgarten. Lass uns die Sandkiste umgraben!«
Gesagt, getan.
Nach etwa zehn Minuten stößt Emma auf eine Kiste. »Ha! Da ist was!«
Neugierig buddeln die Mädchen die Kiste aus.
»Eine Schatzkiste!«, sagt Emma ehrfürchtig. »Wie bei Pippi.«
Mia nimmt den Zettel vom Zahlenschloss ab. »*Wie viele Augen hat ein Würfel? Addiert die Zahl zu den Punkten eines Dartfeldes.*« Erstaunt blickt sie auf. »Ein Dartfeld?«
»Na, das ist doch das Spiel mit den Pfeilen«, hilft Linda ihr auf die Sprünge.
»Ich weiß schon. Aber ich habe keine Ahnung, wie viele Punkte es dort gibt.«
Plötzlich kommt Mias Papa pfeifend um die Ecke. In den Händen hält er ein Dartspiel. »Na, Mädels, wollt ihr eine Partie gegen mich spielen?«
»Papa, du bist doch der Beste! Lass uns bitte mal einen Blick auf deine Dartscheibe werfen!«, sagt Mia. Sie rennt zu ihm und zählt die Punkte. »210 insgesamt«, sagt Mia.
Sie läuft zu ihren Freundinnen zurück. »Zweihundertzehn plus einundzwanzig sind zweihunderteinunddreißig.«
Emma tippt die Zahlen zwei - drei - eins in das Zahlenschloss ein. Es springt auf.
Gespannt öffnen die Mädchen die Truhe.
»Schminke! Wimperntusche, Lidschatten, Puder…ich werd' verrückt«, ruft Mia.

Die Mädchen sind begeistert.

»Mädels, die Pommes sind fertig«, ruft Sophie. »Ihr könnt euch auf die Terrasse setzen. Ich bringe das Essen raus.«

Ella setzt sich zu den Mädchen. »Und? Was für einen Schatz habt ihr ausgegraben?«

Mia hebt den Deckel der Schatztruhe.

Ella macht große Augen. »Wahnsinn! Ein Paradies! Na, da kann ja bei unserem Schmink-Tutorial[9] nichts mehr schiefgehen.«

---

[9] Tutorial = Schnellkurs

# Das Zertifikat

Mia und Emma sitzen mit den Zwillingen, Thomas und Michael auf der Terrasse der Sanders und genießen die Waffeln, die Celia Sanders den Freunden zubereitet.
»Mmh, Mami, die sind einfach nur lecker«, schwärmt Amelie.
»Das finde ich auch«, sagt Nils und leckt sich die Finger ab.
»Tante Celia, du machst die besten Waffeln weit und breit«, schwärmt auch Thomas.
»Danke für die Einladung«, sagt Michael schüchtern.
Nils lächelt. »Gern geschehen. Ich bin froh, dass Lennard, Boris und Hannes endlich aufgehört haben zu mobben. Das Schüler-Beobachter-Team hat in der zweiten Woche echt was gebracht.«
»Ja, da bin ich auch sehr froh. Ich habe schon gar keinen Ausweg mehr gewusst«, sagt Michael seufzend.
»Dann haben unsere Notizen doch was gebracht!«, sagt Nils nicht ohne Stolz.
»Ja, und der Vertrag, den wir mit Herrn Knabe geschlossen haben«, sagt Michael schüchtern.
»Was ist das für ein Vertrag?«, hakt Celia Sanders nach.
»Lennard, Boris und Hannes müssen mich in Ruhe lassen. Wenn sie sich nicht daran halten, werden ihre Eltern informiert und sie müssen am Wochenende auf dem Bauernhof von Bauer Kurt Kuhställe ausmisten«, erzählt Michael.
»Ein Hoch auf die riesigen Kuhställe von Bauer Kurt! Schön, dass in der Klasse damit endlich Ruhe einkehrt«,

sagt Celia Sanders und verteilt weiter warme Waffeln mit Puderzucker.

»Hallo!«, ruft Linda vom Zaun und winkt. »Kann ich reinkommen?«

»Nur, wenn du keine Waffeln essen willst«, ruft Nils zurück.

Emma klopft ihm ungeniert auf den Oberarm. »Nils, du bist unmöglich.«

»Was? Ist doch wahr? Sonst bleibt nichts mehr für mich übrig«, verteidigt sich Nils.

Nun kommt auch noch Lucas angelaufen.

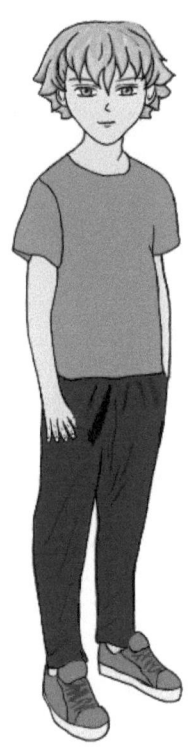

»Hi!«

»Hallo!«

»Möchtet ihr auch eine Waffel essen?«, fragt Celia Sanders die beiden.

Unsicher blickt Lucas zu Nils. Dieser nickt ergeben. »Lucas darf.«

»Und Linda auch«, sagt Amelie bestimmt. Grinsend klopft sie neben sich auf einen leeren Stuhl. »Was treibt euch heute zu uns? Und gleich im Doppelpack!«

»Meine Pflegeschwester nervt«, sagt Linda und stöhnt.

»Warum nervt sie?«, fragt Mia interessiert.

»Ich glaube, sie wird sich nie ändern. Sie ist einfach ein komischer Mensch. Meine Mutter meint, sie ist von ihrem Elternhaus verkorkst. Schließlich hat sie sieben Jahre mit ihren Eltern zusammengelebt. Und jetzt ist sie acht.«

»Dann ist sie immer noch so blöd?«, hakt Amelie nach.

Linda nickt. Dankend nimmt sie eine Waffel entgegen und beißt genießerisch hinein. »Mmh, die sind echt lecker. Gut für die Seele!«

«So schlimm?«, fragt Celia Sanders.

»Sie haben ja keine Ahnung. Man kann Glück haben mit Pflegeschwestern, aber ich habe wohl Pech gehabt. Ständig hängt sie an mir wie eine Klette, aber wenn meine Eltern mal nicht arbeiten, dann bin ich abgeschrieben und sogar überflüssig. Dann will sie meine Eltern für sich alleine haben.«

»Klingt nach einem harten Stück Arbeit«, sagt Celia Sanders bedauernd.

Linda zuckt mit den Schultern. »Ich habe da keine Lust drauf. Aber ich werde ja nicht gefragt.«

Mia schneidet eine Grimasse. »Hatten dir deine Eltern nicht nach deinem Unfall versprochen, dass Manuela wieder zurück ins Kinderheim kommt, wenn es nicht klappt?«

Linda nickt. »Ja. Aber offenbar tun sich meine Eltern schwer mit so einer Entscheidung. Mein Vater sagt, ich brauche etwas Geduld. Rom wurde auch nicht an einem Tag erbaut.« Linda hebt die Hand und zählt leise.

»Was zählst du?«, will Emma wissen.

»Die Jahre, die ich noch Zuhause wohnen muss«, antwortet Linda.

»Ach Linda, manchmal ist es doch besser, keine Geschwister zu haben«, sagt Emma seufzend.

Linda nickt traurig. »Ja, das stimmt. Dabei hatte ich mir das so toll vorgestellt. Aber ich glaube, Manuela und ich werden niemals Freunde.«

Celia Sanders reicht Lucas eine Waffel. Dann setzt sie sich zu Linda. »Weißt du was, Linda? Ich habe auch einen Bruder. Und obwohl er mein leiblicher Bruder ist, sehen wir uns nie. Wir mochten uns von Anfang an nicht. Unsere Eltern haben sich fünf Beine ausgerissen, damit wir uns gut verstehen, aber wir wussten schon als Kinder, dass wir nicht zueinander passen.«

»Ehrlich? Das gibt es bei leiblichen Geschwistern?«, fragt Emma überrascht.

Celia Sanders nickt. »Ja. Nur weil man blutsverwandt ist, ist das keine Garantie für ein freundschaftliches Verhältnis. Es ist alles eine Frage der Chemie. Die Chemie muss zwischen zwei Menschen stimmen.«

Mia blickt zu Thomas.

Der scheint ihren Blick gespürt zu haben. Er erwidert den Blick und zwinkert ihr schließlich verschmitzt zu.

Schnell blickt Mia auf ihren Teller. Die Chemie zwischen ihr und Thomas scheint neuerdings auch zu stimmen.

Komisch, denkt Mia, kann sich die Chemie zwischen zwei Menschen auch ändern?

Früher, in der Grundschule, hatte sie Thomas nicht ausstehen können und nun kriegt sie Schmetterlinge im Bauch, wenn sie ihn nur ansieht.

»Wie viele Jahre seid ihr auseinander, dein Bruder und du?«, will Amelie wissen.

»Mein Bruder ist nur zwei Jahre älter. Meine Eltern haben uns absichtlich so kurz nacheinander in die Welt gesetzt, damit wir miteinander spielen können«, entgegnet Celia Sanders.

»Das hat dann jawohl nicht geklappt«, wirft Nils ein.

»Aber ich würde trotzdem gerne noch eine von deinen umwerfenden Waffeln nehmen, Mami.« Nils grinst bis über beide Ohren.

Celia strubbelt ihm durch die Haare. »Zum Glück verstehst du dich gut mit deiner Schwester.«

Nils blickt zu Amelie. »Nur, wenn sie mir genug Waffeln übrig lässt.«
Amelie streckt ihm die Zunge heraus.
»Wo hast du eigentlich letzte Woche gesteckt, Lucas? Warst du krank?«, fragt Emma plötzlich.
Lucas grunzt. »Ich war in Berlin.«
»Bei deiner Mutter?«, fragt Nils überrascht.
»Ich dachte, deine Pflegeeltern dürfen jetzt entscheiden, wo du dich aufhältst«, sagt Emma. »Warum haben sie das erlaubt?«
Lucas nickt. »Ich habe sie angefleht, es zu erlauben. Der hundertste Anlauf einer Wiedervereinigung. Aber meine Mutter hat nicht lange durchgehalten. Dann war sie wieder vollkommen überfordert und ist abgehauen.«
»Mensch, Lucas! Wie dumm bist du eigentlich?«, ruft Emma verärgert.
»Wie bitte?« Erschrocken blickt Lucas seine Klassenkameradin an.
»Du bist zwölf Jahre alt und hast schon zig Versuche hinter dir, bei deiner leiblichen Mutter zu wohnen. Und jedes Mal ist der Versuch gescheitert. Wie oft willst du dir das noch antun?«, sagt Emma verständnislos.
»Und deinen Pflegeeltern«, wirft Mia ein. »Die sind nämlich immer ganz besonders lieb zu dir. Sie nehmen dich immer und immer wieder bei sich auf, auch wenn du zum hundertsten Mal in Berlin bei deiner Mutter warst. Was machst du, wenn sie das Hin und Her irgendwann nicht mehr mitmachen? Dann sitzt du obdachlos auf der Straße!«
Vor Schreck bleibt Lucas fast die Waffel im Halse stecken. »Oh Gott! Darüber habe ich noch nie nachgedacht. Du meinst, sie werfen mich raus, weil sie keine Lust mehr auf mich haben?«

Emma schneidet eine Grimasse. »Lucas! Deine Pflegeeltern lieben dich. Das sieht doch ein Blinder. Wenn sie keine Lust mehr haben, dann sicherlich nicht auf dich, sondern auf das Hin und Her, das du ihnen antust. Hast du mal an ihre Gefühle gedacht, wenn du jedes Mal mit deiner blöden Mutter mitgehst, die dann doch wieder in ihrer Drogensucht landet?«
»Meine Mutter ist nicht blöd«, sagt Lucas schwach.
Emma grunzt. »Darüber lässt sich streiten. Ich würde an deiner Stelle nicht mehr zu ihr gehen und lieber dafür sorgen, dass du deinen Pflegeeltern nicht ständig weh tust.«
»Lucas, möchtest du noch eine Waffel haben?«, fragt Celia Sanders.
Lucas erhebt sich. »Nein, danke! Ich glaube, ich muss nach Hause.«
»Dann beeile dich, bevor sie es sich anders überlegen und dich nicht mehr haben wollen«, ruft Emma ihm hinterher.
»Emma!«, sagt Celia Sanders vorwurfsvoll. »War das nötig?«
Emma setzt eine Unschuldsmiene auf. »Ist doch wahr! Lucas spielt mit den Gefühlen seiner Pflegeeltern. Und wofür? Für eine Mutter, die sich gar nicht um ihn kümmern kann. Warum findet er sich nicht endlich damit ab?«
»Vielleicht ist das gar nicht so einfach«, sagt Celia Sanders leise seufzend. »Noch Waffeln, Kinder?« Sie schaut in die Runde.
Alle schütteln den Kopf. Bis auf Nils. Der grinst wie ein Honigkuchenpferd. »Ich, bitte! Und bei der guten Versorgung hier dürftest du sogar meine Pflegemutter sein und ich würde bleiben, Mami.«
Celia Sanders rollt mit den Augen. »Na, was habe ich nur für ein Glück.«

Die Mädchen kichern leise, während sich Nils eine weitere Waffel reichen lässt.

*** 

»Frau Hafer läuft heute nicht wie eine Schulleiterin, sondern wie ein aufgescheuchtes Huhn durch die Schule«, sagt Emma genervt. »Sie steckt mich noch an mit ihrem Verhalten.«

Mia lächelt. »Seit wann bringt dich Unruhe aus der Ruhe, Pippi?«

Emma kneift Mia in die Wange. »Du hast Recht. Ich sollte mich davon nicht beeinflussen lassen. Aber ›*Herr Nilsson*‹ war heute morgen auch schon so komisch. Sie hat gar keine Eier gelegt.«

»Moment mal«, mischt sich Thomas ein, »seit wann kann ›*Herr Nilsson*‹ Eier legen? Ist das nicht der kleine Affe von Pippi Langstrumpf?«

Emma lacht leise auf. Dann hebt sie den Daumen. »Das ist richtig. ›*Herr Nilsson*‹ ist eigentlich ein Affe. Da es in Deutschland aber verboten ist, Affen zuhause zu halten, habe ich von meinen Eltern ein zahmes Huhn geschenkt bekommen. Das konnte ich ja schlecht ›Pferd‹ nennen. Also heißt mein Huhn ›*Herr Nilsson*‹.«

Thomas lacht laut auf. »Emma, du bist echt eine verrückte Nudel.« Er zwinkert Mia zu und geht weiter.

Mia spürt einen merkwürdigen Stich in der Brust. Das Gefühl saust ihr zum Magen hinunter bis in den Unterleib. Ihre Hände werden plötzlich ganz nass und ihre Wangen glühen. Sie betrachtet Thomas von hinten. Er ist ganz schön groß geworden. Mindestens einen Kopf größer als sie. Und durch sein Fußballtraining ist er wirklich gut durchtrainiert. Sein Hintern sieht auch nicht schlecht aus, denkt Mia.

Emma stupst ihr in die Rippen. »Sehen meine blinden Hühneraugen richtig?«

»Wie? Was meinst du?«, fragt Mia verwirrt und reißt sich von Thomas Anblick los.

Emma lächelt. »Wenn ich dich nicht besser kennen würde, würde ich sagen, du bist in Thomas verliebt.«

»Ich?«, quiekt Mia eine Spur zu laut. »Verliebt?«, schiebt sie flüsternd hinterher. »Niemals.« Trotzdem spürt sie, wie ihr Gesicht anfängt zu brennen.

Emma hebt die Hand. »Nicht vielleicht doch ein klitzekleines bisschen?«

Mia grinst. »Ich weiß nicht…« Seufzend schaut sie Thomas an, der mit einem galanten Sprung über einen Tisch springt. Dabei zeichnen sich seine Muskeln am Rücken und an den Beinen ab.

»Vielleicht auch ein klitzekleines bisschen mehr?«, wirft Emma ein. »Das scheint mir ein ganz ernster Fall von Verliebtsein zu sein.«

Mia schweigt.

Sie ist noch nie verliebt gewesen.
Und eigentlich will sie das auch gar nicht. Schon gar nicht in Thomas, den sie in der Grundschule noch ganz fürchterlich fand. Aber wenn sie ihm begegnet, ist sie neuerdings ganz aufgeregt. Er muss sie nur ansehen und schon fährt ein D-Zug durch ihren Körper.
»Kann man was dagegen tun?«, fragt sie nach einer ganzen Weile.
»Wogegen?«, fragt Emma verwirrt. »Gegen ›*Herrn Nilssons*‹ Unlust, Eier zu legen oder gegen deine Gefühle?« Sie grinst.
Mia rümpft die Nase. »Gegen die Gefühle. Dein Huhn solltest du besser zum Tierarzt schaffen.«
»Meinst du? Habe ich auch schon dran gedacht«, sagt Emma nachdenklich. »Aber gegen deine Gefühle ist kein Kraut gewachsen, würde meine Oma sagen.«
»Und Oma Kassy hat immer Recht«, sagt Mia seufzend.
Thomas dreht sich zu den Mädchen um.
Er blickt Mia direkt in die Augen.
Und das eine Spur zu lang.
»Also, wenn du mich fragst«, sagt Emma leise, »ist Monsieur[10] auch in dich verliebt.«
»Monsieur?«
»Na, ich meinte Thomas.«
Mia kann sich gar nicht von Thomas Blick losreißen.
Er offensichtlich auch nicht.
Schließlich lächelt er sie an.
Mia ist so erschrocken, dass sie sich wegdreht.
Eilig fächert sie sich Luft zu.

---

[10] Monsieur = französisch, Bedeutung = Herr

»Mia, meine liebe Mia, dich hat es aber ordentlich erwischt. Du solltest mit ihm ein Eis essen gehen«, sagt Emma.
»Wer sollte mit wem ein Eis essen gehen?«, mischt sich Amelie ein. »Bin ich zu spät?« Sie blickt auf ihre Uhr. »Glück gehabt. Ich habe nämlich verschlafen. Also, was habe ich verpasst?«
Emma blickt Mia an.
Diese zuckt mit den Schultern.
Mia weiß, dass sie von ihr wissen will, ob sie Amelie einweihen sollen. Aber vielleicht werden ihre Gefühle noch schlimmer, wenn Amelie es weiß!
»Ich glaube, Mia hat es erwischt«, sagt Emma sehr leise.
Amelie macht ein erstauntes Gesicht. »Echt? Du bist erkältet?«
Emma verdreht die Augen. »Nee, du Dummerchen. Mia ist verliebt.«
»Oh! Und wer ist der Glückliche?«, hakt Amelie verwundert nach.
Emma deutet mit dem Kopf auf Thomas.
»Nun schaut bloß nicht so auffällig zu ihm, sonst sterbe ich«, beschwert sich Mia.
Emma lacht leise. »So schnell stirbt man nicht, Mia. Und schon gar nicht vom Verliebtsein.«
»Das würde ich nicht sagen«, wirft Nils ein, der soeben angerannt kommt.
»Hast du etwa auch verschlafen? Ihr seid eine Stunde zu spät«, sagt Emma vorwurfsvoll.
»Ich habe noch auf meinen Vater und Kim gewartet«, verteidigt sich Nils. »Schließlich soll Kim als Pate bei der Verleihung des Zertifikats dabei sein.«
»Was für eine billige Ausrede, mein Lieber. Du hast verpennt«, sagt Emma und verdreht die Augen.

Nils grinst. »Du hast mich also vermisst?«
»Nur ein bisschen«, gibt Emma zu.
Herr Knabe betritt das Klassenzimmer. Er klatscht in die Hände und ruft alle zusammen. »So, Jungs und Mädels, heute ist es so weit. Wir bekommen das Zertifikat ›*Schule ohne Rassismus - Schule mit Courage*‹ überreicht. Kommt bitte alle mit in die Aula!«
Wie die Schäfchen trotten die Schüler hinter ihm her.
Michael läuft neben Thomas.
Sie unterhalten sich.
Mia blickt über ihre Schulter und sieht Thomas schräg hinter sich laufen.
Er blickt auf und lächelt sie an.
Mia lächelt zurück und wendet sich dann schüchtern ab.
Ihr Herz rast, als wenn sie einen Achthundert-Meter-Lauf absolviert hätte. Mit einem kleinen Seufzer atmet sie tief aus.
Emma stupst sie an. »Ich finde, ihr passt ganz wunderbar zusammen.«
»Findest du?« Mia lächelt verträumt.
Emma grinst. »Na klar! Das sieht doch ein Blinder.«
»Lieb, dass du mich aufmunterst.«
»Natürlich, ich bin doch deine Freundin.«
»Ich finde das toll«, sagt Amelie leise. »Wenn du ihn heiratest, sind wir nämlich miteinander verwandt. Schließlich ist er mein Cousin.«
Mia lächelt gequält. »Wovon träumst du nachts? Ich glaube, er ist noch mit Toulouse zusammen. Und die kommt im November zur Saisonpause vom Zirkus wieder in unsere Schule«, erwidert Mia leise.
»Redet ihr etwa von Thomas?« Nils blickt Mia argwöhnisch an. Dann scheint ihm ein Licht aufzugehen. »Mia!«, ruft er eine Spur zu laut.

»Nils!«, pfeift Emma ihn zurück.

»Leise!«, sagt Amelie verschwörerisch. »Sonst kannst du das auch gleich in der Zeitung ankündigen.«

Nils hebt abwehrend die Hände. »Ist ja schon gut. Ich bin ganz leise. Du und Thomas?« Er blickt Mia an und schüttelt ungläubig den Kopf. »Tja, meine Familie«, sagt er schließlich und klopft sich stolz auf die Brust.

Emma kichert. »Eingebildet bist du wohl gar nicht, was?«

»Nö«, sagt Nils vergnügt. Dann beugt er sich zu Mia hinüber. »Übrigens«, sagt er verschwörerisch, »Thomas hat mit Toulouse Schluss gemacht.«

»Echt?« Erstaunt wirft Mia einen Blick über ihre Schulter. »Wann? Warum?«

Nils hebt eine Hand. »Stopp! Immer ruhig mit den jungen Pferden.«

»Nun hab dich nicht so! Erst prahlst du, dass du alles von deinem Cousin weißt und nun spannst du uns mit den Antworten auf die Folter«, fährt Emma ihn spaßig an.

Nils wirft ihr einen Luftkuss zu. »Du bist ganz schön neugierig.«

»Natürlich. Schließlich geht es um das Liebesglück meiner besten Freundin«, kontert Emma mit ernster Miene.

»Also gut«, stöhnt Nils, während sie sich in der riesigen Aula einen Platz suchen, »er hat sich vor drei Monaten von ihr getrennt. Er meinte, die Liebe sei irgendwie verschwunden und es sei ihm zu anstrengend, eine Freundin zu haben, die ein halbes Jahr durchs Land tingelt.«

»Das kann ich nachvollziehen. Wäre auch nix für mich«, gibt Emma zu.

»Dann habe ich ja Glück, dass ich fest an diesen Ort gebunden bin«, sagt Nils und legt Emma einen Arm um die Schultern.

Emma grinst. Sie gibt Nils einen Kuss auf die Wange und schiebt seinen Arm wieder weg. »Stimmt.«
»Und warum schiebst du mich dann weg?«, fragt Nils ein wenig beleidigt.
Emma blickt sich um. »Hast du gesehen, wie viele Zeitzeugen in diesem Saal sitzen?«
Nils blickt sich um und zuckt mit den Schultern. »Habe ich. Aber das stört mich nicht.« Er beugt sich vor, um Emma zu küssen.
Emma hebt den Zeigefinger. »Ich kann Karate, also lass das lieber!«
»Mit dem Finger?«, witzelt Nils, geht jedoch auf Abstand. »Du liebst mich nicht.«
Emma lächelt ihn an. »Doch. Auf meine ganz eigene Art. Aber wenn ich von dir geküsst werden will, und das auch noch zum ersten Mal, dann ganz bestimmt nicht vor sechshundert Schülern.«
»Verstanden«, sagt Nils und schluckt die Abfuhr tapfer herunter. Er dreht sich um und winkt Thomas zu sich. »Hey, Cousin, willst du dich nicht zu uns setzen?« Er blickt Mia an und zwinkert ihr zu.
Mia verdreht die Augen.
Auffälliger geht es wohl nicht!
Ihr ist das unglaublich peinlich. Trotzdem fängt sie an zu schwitzen und spürt den Puls in ihrem Hals, als sich Thomas nähert. Ihr Herz puckert vor lauter Aufregung.
Michael setzt sich neben Mia hin. Nils wechselt in letzter Sekunde den Platz, so dass Mia und Thomas nebeneinander sitzen.
Schüchtern blickt Mia zu Thomas.
Der lächelt sie an.
»Guten Morgen, liebe Schülerinnen und Schüler!«, spricht die Schulleiterin durch das Mikrofon. »Ich freue

mich, dass wir heute hier zusammengekommen sind, um ein Jahr intensive Vorbereitungen für das Zertifikat ›Schule ohne Rassismus - Schule mit Courage‹ endlich überreicht zu bekommen und übergebe das Wort an unseren Paten, Kim Savenger.« Frau Hafer deutet auf den blonden Mann im schwarzen Anzug, bei dessen Anblick sämtliche Lehrerinnen im Saal anfangen, sehnsuchtsvoll zu seufzen.

Die Schüler applaudieren, während Kim Savenger auf die Bühne geht.

»Liebe Frau Hafer, lieber Herr Bürgermeister, liebe Lehrerinnen und Lehrer, liebe Schülerinnen, liebe Schüler, ich freue mich, der Schule heute für ein tolerantes Miteinander und einige Projekte gegen Mobbing und Rassismus das Zertifikat ›Schule ohne Rassismus - Schule mit Courage‹ überreichen zu dürfen. Auch wenn wir ein fortschrittliches Land sind, so ist unsere Gesellschaft doch leider immer wieder mit Vorurteilen behaftet. Das weiß ich aus eigener Erfahrung. Als Schauspieler geht es immer darum, einen guten Ruf aufzubauen und ihn auch zu bewahren. Ich spiele in vielen Liebesfilmen die Hauptrolle, in denen sich ein Mann in eine Frau verliebt. Aber eigentlich bin ich homosexuell. Ich weiß also nur zu gut, was Ausgrenzung bedeutet. Darum ist es umso wichtiger, dass sich die Schule und ihre Schülerinnen und Schüler für mutige Projekte und Frieden an der Schule einsetzen…«

Die nächsten Worte bekommt Mia nicht mehr mit.
Thomas Bein lehnt plötzlich an ihrem.
Ihre Gedanken fliegen wie ein Wirbelwind durch ihren Kopf. Es rauscht in ihren Ohren und sie ist nicht mehr in der Lage, auch nur ein Wort aufzunehmen, das Kim Savenger sagt.
Der Druck von Thomas Bein verstärkt sich.
Mia hat plötzlich das Gefühl, dass ihr Bein wie versteinert ist. Aber sie wagt es nicht, es wegzuziehen. Das könnte Thomas missverstehen. Also harrt sie tapfer aus.
Thomas räuspert sich und lehnt seinen linken Arm gegen ihren. Seine Hand rutscht dabei unauffällig immer weiter nach links.
Mia wagt kaum noch zu atmen.
Was hat er vor?
Startet er einen Annäherungsversuch?
Hier?
In der vollbesetzten Aula?
Am helllichten Tag?
Mia räuspert sich. Aus den Augenwinkeln sieht sie, dass Thomas lächelt. Er schaut nach vorne und streichelt dabei unauffällig über ihre Hand.
Mia fallen fast die Augen aus dem Kopf.
Thomas ist ja mutig.
Oder war das ein Versehen?
Sie wendet den Kopf.
Thomas bemerkt ihre Bewegung und blickt sie ebenfalls an. Seine blauen Augen bohren sich in ihre.
Mia verliert jedes Gefühl für Raum und Zeit.
Sie weiß, hier sitzen Hunderte von Schülern, aber sie kann einfach nicht aufhören, Thomas in die Augen zu schauen.
Schließlich beugt sich Thomas zu ihr hinüber.
Du meine Güte, will er sie etwa küssen?

Jetzt?
Hier?
Erschrocken fährt Mia ein Stückchen zurück.
»Hast du Lust, morgen ein Eis mit mir essen zu gehen?«, fragt Thomas kaum hörbar.
Mia will ihm antworten und berührt mit ihrer Nase fast sein Gesicht. Sie öffnet den Mund, doch es kommt kein einziger Ton heraus.
»Sie will«, ertönt eine leise Jungsstimme neben Mia.
»Nils«, zischt Emma Nils an.
Plötzlich muss Mia grinsen.
Auch Thomas muss lachen.
»Du hast eine Eule?«, fragt er keck.
Mia deutet mit dem Finger auf Nils. Das Eis scheint gebrochen zu sein, ihre Stimmbänder funktionieren wieder.
»Ja, scheint so«, antwortet sie. »Cool, oder?«
»Ja. Dann gehst du mit mir ein Eis essen? Morgen? Ohne Eule?« Hoffnungsvoll blinzelt Thomas sie an.
Mia nickt. »Sehr gerne.«
Thomas nimmt ihre Hand und drückt sie.
Dabei zwinkert er ihr zu.
Mias Herz macht einen aufgeregten Satz.
Ihr Atem beschleunigt.
Wieso muss ihr Körper bloß so verrückt spielen, schießt es ihr durch den Kopf.
Plötzlich braust Applaus auf.
Mias Aufmerksamkeit wird wieder auf die Bühne gelenkt.
Dort steht ihr Klassenlehrer und winkt ihr zu. Er deutet ihr und Nils an, auf die Bühne zu kommen. Gemeinsam mit anderen Schülern aus dem Schülerrat erhebt sich Mia. Ihre Knie sind ganz wackelig. Sie schwankt leicht und muss sich kurz abstützen.
Thomas Hand streift ihr Bein.

Mia lächelt tapfer und beeilt sich, an Thomas vorbeizulaufen, ohne durch irgendwelche Peinlichkeiten aufzufallen.
Nach wenigen Metern hat sie es endlich geschafft.
Gemeinsam mit Nils läuft sie zur Bühne.

Ein Journalist winkt die Schüler über die Bühne. »Wer hat eine Fotogenehmigung?«
Die Schulsprecherin, Madita Lustig, Amelie, Nils und Mia positionieren sich mit dem Zertifikat neben Kim Savenger.
Der Fotograf lässt ein Blitzlichtgewitter niederhageln.
Nachdem genug Fotos geschossen worden sind, kommt der Journalist und interviewt ein paar Schüler vom Schülerrat.

Frau Hafer hat mittlerweile das Sommerfest eingeläutet, welches die Schule jedes Jahr in der letzten Schulwoche vor den Sommerferien veranstaltet.
Hier gibt es viele Aktivitäten und sogar ein paar Stände mit Waffeln, Popcorn und Kuchen.
Mia sieht Thomas, der mit ein paar Jungs herumblödelt und dabei immer wieder zu ihr guckt.
»Dich hat es aber ganz schön erwischt, was?«, sagt Emma leise.
Mia dreht sich lächelnd zu ihrer Freundin um. »Ich befürchte, du hast Recht. Wenn ich morgens aufstehe, freue ich mich schon darauf, in die Schule zu gehen, weil ich weiß, dass ich ihn sehe. Und im Unterricht kann ich mich kaum konzentrieren, weil er auch da ist. Wenn die Schule aus ist, bin ich fast schon traurig, dass ich nach Hause gehen muss.«
Emma streichelt ihre Schulter. »Du bist aber auch wirklich zu bedauern. Was machen wir bloß mit dir in den Sommerferien?«
Mia schluckt.
Die großen Ferien stehen ja vor der Tür!
Was soll sie bloß sechs Wochen ohne Schule - und ohne Thomas' Anblick - anstellen?
»Fährst du weg?«, fragt Mia, statt zu antworten.
Emma schüttelt den Kopf. »Nein. Mein Vater muss arbeiten. So eine Baumschule macht viel Arbeit, vor allem im Sommer. Aber er hat mir angeboten, in ein Feriencamp zu fahren. Nur alleine habe ich keine Lust.«
»Hören meine Ohren da ›*Feriencamp*‹?«, platzt Nils in ihr Gespräch.
»Ja, mein Vater hat vorgeschlagen, dass ich ins Feriencamp an die Ostsee fahre. Aber alleine habe ich keine Lust«, wiederholt Emma.

»Ich komme mit«, sagt Nils entschlossen.
Emma rümpft die Nase. »Willst du nicht erst einmal deine Eltern fragen? Schließlich kostet das Geld.«
Nils zuckt mit den Schultern. »Da meine Mütter arbeiten müssen und ebenfalls vorgeschlagen haben, dass ich mir was Sinnvolles für die Ferien suchen soll, werde ich sagen, dass ich unbedingt mit euch ins Feriencamp muss. Wo ist denn das Camp?«
»Bei Rügen an der Ostsee. Es gibt noch sechs freie Plätze«, antwortet Emma.
Nils rennt ohne ein weiteres Wort davon. Er sucht seinen Cousin, redet kurz mit Thomas und zeigt dann zu den Mädchen.
»Was hat er vor?«, fragt Emma perplex.
Mia schwant, was er plant. »Vielleicht will er mich mit Thomas verkuppeln?«
Emma grinst. »Ist das süß!«
Thomas nickt, schaut an Nils vorbei und scheint Mia wieder ganz in seinen Bann zu ziehen.
»Und wie ich sehe, klappt das auch ganz gut. Mensch, Mia! Eure Energiesterne fliegen sogar durch eine vollbesetzte Aula. Sieh nur, wie sie durch die Luft tanzen! Immer zwischen euch hin und her«, witzelt Emma.
Mia schnauft. »Quatsch! Energiesterne…«
Und doch freut sie sich über Emmas Worte. Wie ein Schwamm saugt sie alles auf, was mit Thomas zu tun hat.
Nils klopft Thomas auf die Schulter und rennt zu den Mädels zurück. »Alles klar! Ich fahre mit.«
Emma blickt Nils mit strenger Miene an. »Da fährt doch noch jemand mit, oder?«
Nils lächelt geheimnisvoll. »Ich würde sagen, das wird ein halber Klassenausflug.«

Emma verdreht die Augen. »Bloß nicht! Einige wenige reichen schon.«
»Ich weiß nicht, ob ich mitfahren darf«, sagt Mia leise.
Emma stupst ihre Freundin an. »Hol dein Handy raus und frage deinen Papa per *WhatsApp*!«
Unsicher blickt sich Mia um.
Sechstklässler dürfen ihre Handys erst nach der Schule herausholen und anschalten. Und die Regel wurde für das Sommerfest auch nicht aufgehoben.
Nils und Emma stellen sich um Mia herum und schirmen sie ab.
»Na, los, mach schon! Das ist elementar wichtig!«, drängt Emma.
Nils nickt.
Mia zückt ihr Handy und schaltet den Flugmodus aus. Dann tippt sie eine Nachricht an ihren Papa.

›*Paps, darf ich mit Emma ins Feriencamp an die Ostsee? Gruß, Mia*😬😍‹

Sie schickt die Nachricht ab und steckt das Handy ungeduldig wieder ein. Kaum ist es in ihrer Tasche, piept es.
»Bestimmt sagt er ›nein‹«, sagt Mia nervös. »Er hat viel zu schnell geantwortet.«
»Quatsch! Warum sollte er?«, beruhigt Emma sie.
Mia holt das Handy hervor und blickt auf die Antwort.

›*Tolle Idee, Mia*👍. *Gerne. Endgültiges OK gibt es nach Gespräch mit Sophie. Was kostet es? Gruß, Papa*‹

»Was kostet es?«

»Es ist spottbillig. Dreißig Euro pro Tag«, erwidert Emma.
Eilig tippt Mia den Preis ein und schickt die Nachricht weg. Nervös steckt sie das Handy weg. »Hoffentlich stimmt Sophie zu. Aber was ist, wenn Thomas jetzt mitfährt und ich darf nicht?« Mia dreht sich enttäuscht um und rennt glatt in Thomas hinein.
Thomas packt Mia an den Händen und blickt sie ernst an. »Ich fahre nur mit, wenn du mitfahren darfst. Ansonsten machen wir uns tolle Ferien hier in Bärenklau. Was meinst du? Hast du Lust?«
Mia spürt, wie ihre Wangen heiß werden.
Ihre Hände sind patschnass, aber sie hat sich trotzdem noch nie so glücklich gefühlt wie in diesem Moment.
»Ja«, sagt sie und lächelt über das ganze Gesicht.
Ihr Handy piept erneut.
»Hören meine Ohren da verbotene Medien mit meinen Schülern sprechen?«, mischt sich Herr Knabe ein.
Er mustert Mia und Thomas kurz und unterdrückt ein Schmunzeln. »Du willst doch nicht etwa ein Handy nutzen, Mia?«, fragt der Klassenlehrer. »Auch das Sommerfest gehört zur Schulzeit.«
Emma stemmt sich mutig die Hände in die Hüften. »Herr Knabe, das ist lebenswichtig. Wirklich!«
»Ach?«, sagt Herr Knabe und zieht die Augenbrauen hoch. »Na, dann will ich mal nicht so sein und drücke beide Augen zu.«
Schnell holt Mia ihr Handy aus der Tasche. »Danke!«

›*Sophie hat ihr OK gegeben*👏. *Ich rufe Emmas Papa an und kläre die Einzelheiten. Viel Spaß euch Mädels. Gruß, Papa*😘‹

Mia blickt auf und strahlt über das ganze Gesicht. »Ich darf mitfahren.«
Begeistert schnappt sich Emma Mias Hände und legt einen Freudentanz hin. »Super! Dann ist es abgemacht. Wir fahren ins Feriencamp.«
»Das war wirklich lebenswichtig«, brummt Herr Knabe kopfschüttelnd, lächelt aber beim Weggehen.
»Und ob das lebenswichtig war«, sagt Emma leise und drückt Mias Hände. »Das werden die besten Ferien des Jahrhunderts.«
Glücklich schließt Mia ihre Augen und macht einen Freudensprung.

Als sie sie wieder öffnet, sieht sie Thomas auf sein Handy schauen. Dann blickt er auf. »Ich darf auch mitfahren. Das werden hundertpro die besten Ferien des Jahrtausends.« Er zwinkert Mia zu.
Mia lächelt ihn freudestrahlend an. »Oh ja!«
Und ihr Herz macht einen aufgeregten Hüpfer.

**ENDE**

Liebe Leserin, lieber Leser,

vielen Dank, dass du dich mit mir zusammen auf die Suche nach Antworten gemacht und mit Mia auf ›Entmobbungs‹-Reise gegangen bist. Mir ist Mia mit ihren tollen Freunden mächtig ans Herz gewachsen.

Falls du mir eine besonders große Freude machen willst, dann schreibe doch bitte im Twentysix-Shop und/oder bei Amazon (oder einem Online-Buchhändler deiner Wahl) in einer Rezension, wie dir das Buch gefallen hat.

Egal, wie umfangreich deine Beurteilung ausfällt, als unabhängige Autorin ist es sehr wichtig für mich, Bewertungen zu bekommen.

Tausend Dank dafür!

# Herzbuch-Autorin und Illustratorin

Als Herzbuch-Autorin stehe ich für kind- und jugendgerechte Aufklärung mit Herz. Ich habe nicht nur die Aufklärungsreihe „Mia - Aufklärung mit Herz" mit brisanten Sachthemen und harten Fakten über Homosexualität, Trauerbearbeitung, Flüchtlinge, Mobbing, Sexualität, Transgender und Drogen geschrieben, sondern ebenso Märchen und Komödien, die auch dein Herz zum Lächeln bringen.
Mein Geheimnis? Ich liebe meine Arbeit und das seit meinem 9. Lebensjahr.

 Willst du mehr über mich wissen, dann besuche meine Website
https://www.lilly-froehlich.de/

Quizfragen zur Mia-Reihe findest du übrigens auf www.antolin.de.

# Bestseller ohne Cover?

## Unmöglich!

Wir geben deiner Kunst ein Gesicht.

Hole dir noch heute deine kostenlose Erstberatung!

https://isabelleferrara.myonlinemail.de/

https://www.nuebedia.de/kuenstler.html

Ebenso im Handel erhältlich als Taschenbuch und E-Book
**Trennung - Eine Patchworkfamilie für Mia
(Band 1)**

Die siebenjährige Mia wollte eigentlich eine Schwester – bekommen hat sie einen leeren Küchenstuhl, denn ihre Eltern haben sich getrennt. Und weil das heutzutage gar nicht mehr so ungewöhnlich ist, lebt Mia bei ihrem Papa.
Während sich ihr Papa in ihre Klassenlehrerin verliebt, verliebt sich der kleine Pinguin Fridolin in Mia. Wird Frau Biber nun ihre neue Mama und deren Sohn Benjamin ihr neuer Bruder?
Mias Leben ist plötzlich wie ein zusammengewürfelter Haufen bunter Flicken – Patchwork eben!

**ISBN: 978-3-740-765576**
**Ab 6 Jahre**

Ebenso im Handel erhältlich als Taschenbuch und E-Book
**Andersrum - Mia und die Regenbogenfamilie
(Band 2)**

Aufregung in Bärenklau! Mias Klasse bekommt Zuwachs – ein Zwillingspärchen aus der Hauptstadt. Nils und Amelie haben zwei Mütter, leben also in einer Regenbogenfamilie und davon haben die Bewohner in Bärenklau noch nie gehört, erst recht nicht die Klasse 3b. Und so beschließt ihr neuer Klassenlehrer, Herr Knabe, die unterschiedlichen Familienformen im Unterricht zu besprechen. Ganz zum Ärger von Thomas' Vater, der einen Riesenwirbel veranstaltet, um Herrn Knabe auszubremsen. Mia freundet sich mit den Zwillingen an und stellt schnell fest, dass zwei Mütter fast ganz normal sind – Regenbogen eben!

**ISBN: 978-3-740-765583
Ab 7 Jahre
Von der AJuM der GEW für Schulen empfohlen!**

Ebenso im Handel erhältlich als Taschenbuch und E-Book

## Neuanfang - Mia und die Flüchtlingsfamilie
## (Band 3)

Die Bürger von Bärenklau sind nervös und haben Angst. Menschen aus fremden Ländern, in denen Krieg herrscht, sollen in ihrem kleinen Ort untergebracht werden. Dabei ist das Dorf doch viel zu klein, niemand spricht Arabisch und die Fremden verstehen kein Wort Deutsch. Als das Flüchtlingskind Samira in Mias Klasse kommt, spaltet sich die Klassengemeinschaft genauso wie das Dorf in zwei Lager: diejenigen, die die Fremden ablehnen und diejenigen, die sich über die Neuzuwachs freuen. Aber reicht das aus, damit
die neuen Dorfbewohner heimisch werden?

**ISBN: 978-3-740-765590**
**Ab 8 Jahre**

Ebenso im Handel erhältlich als Taschenbuch und E-Book

## Überlebenskampf - Mia und die Zirkusfamilie (Band 4)

Hurra, der Zirkus ist da! Mia freut sich riesig auf die Vorstellung, doch die Freude wird durch demonstrierende Tierschützer getrübt. Als die beiden Zirkusmädchen Tina und Toulouse in Mias Schulklasse kommen, tauchen eine Menge Fragen auf. Mia besucht mit ihren Mitschülern den großen Circus Diadem und die Tierschutzorganisation von Bärenklau. Hier dürfen die Kinder einen Blick hinter die Kulissen werfen. Bei Mia geht es also mal wieder turbulent zu und ein tragischer Unfall auf der Klassenreise am Meer führt zum Gefühlschaos.

**ISBN: 978-3-740-765606**
**Ab 8 Jahre**

Ebenso im Handel erhältlich als Taschenbuch und E-Book
**Ungewollt - Mia und die Teeniefamilie**
**(Band 6)**

Bella Lustig ist Mias Klassenkameradin und eigentlich recht unauffällig. Heimlich trifft sie sich mit dem Mädchenschwarm der Klasse, Boris Brotmayer, und plötzlich ist sie schwanger. Mia, Emma und Amelie sind geschockt. Bella ist doch erst 15! Der Klassenlehrer, Herr Knabe, holt sich externe Unterstützung, um die Klasse aufzuklären. In einer Projektarbeit bekommen die Schüler ein Baby-Dummie, eine Puppe, die schreit, wenn sie versorgt werden will.
Unglücklicherweise sind Bellas Eltern gegen die Schwangerschaft. Als das Baby da ist, fühlt sich Bella schnell überfordert. Und mit einem Mal ist es gar nicht mehr so aufregend, ein Baby zu haben, denn Bella muss sich Tag und Nacht um die Kleine kümmern. Bald ist sie am Ende ihrer Kräfte - eine Lösung muss her. Werden Mia und Emma ihr helfen können?

**ISBN: 978-3-740-765620**
**Ab 12 Jahre**

Im Handel erhältlich als Taschenbuch und E-Book
**Seelenchaos - Mia und die Adoptivfamilie
(Band 7)**

Transgender? Transidentität? Transsexualität? Das sind Begriffe, mit denen sich bisher kein Bärenklauer auseinandersetzen musste! Als Christina in Mias Klasse kommt, sorgt sie für Wirbel, denn Christina möchte ›Chris‹ genannt werden und sagt, sie sei ein Junge - ein ›Trans*Junge‹. Davon wollen Chris' Eltern jedoch nichts hören. Mias Klassenlehrer, Herr Knabe, holt Fachleute in die Schule, um sich und die Schüler der Klasse 8b über Transidentität aufzuklären. Aber auch Chris' Freundin René hat ein Problem: Sie hat herausgefunden, dass sie als Baby adoptiert wurde und ist deswegen von zuhause weggelaufen. Warum haben das ihre Adoptiveltern verschwiegen? Und wer sind ihre leiblichen Eltern? Mia und Emma wollen helfen. Aber reicht das, um Chris Anerkennung als Jungen zu verschaffen und René wieder mit ihren Adoptiveltern zusammenzuführen?

**ISBN: 978-3-740-765637
Ab 12 Jahre**

Ebenso im Handel erhältlich als Taschenbuch und E-Book
**Drogen(un)glück - Mia und die Stieffamilie**
**Band 8**

Als Mia mit ihrem Freund Thomas in die Teeniedisco geht, schüttet ein Fremder die illegale Droge Crystal Meth ins Glas, welches Thomas unbeobachtet stehen lassen hat. Thomas kann daraufhin drei Tage nicht schlafen, spürt keine Schmerzen, hat keinen Hunger und wird aggressiv. Mia ist geschockt, als er plötzlich anfängt Cannabis zu rauchen. Thomas Eltern stellen fest, dass sie Thomas mit Vernunft und Aufklärung nicht zu kommen brauchen, denn die Baustelle im Kopf, die die Pubertät verursacht, ist gar nicht so einfach zu überlisten. Auch der Klassenlehrer, Herr Knabe, versucht die Jugendlichen durch einen Drogenberater von den Drogen wegzukriegen.
Thomas rutscht immer tiefer in die Drogenszene und auch Michael, der Stress mit seinem neuen Stiefvater hat, sucht Ablenkung im Drogenkonsum. Mia und Emma versuchen, die Jungs zu bekehren?

**ISBN: 978-3-740-765620**
**Ab 12 Jahre**

Ebenso im Handel erhältlich als Taschenbuch und E-Book
**Interview mit Rumpelstilzchen Junior**
**(Märchen)**

Emma Valentino wollte Steven nur eine Einladung zur Kostümparty geben. Doch dann saß sie plötzlich in einer Waldhütte vor einem zotteligen Zwerg, der behauptete, Rumpelstilzchens Sohn zu sein.

Er war es leid, dass sein Vater als Bösewicht in die märchenhafte Geschichte eingegangen ist, und wollte endlich mit den Vorurteilen aufräumen.

Im Gegenzug für das Interview hat er Emma ein Date mit Steven versprochen. Und so purzelte sie in ein märchenhaftes Abenteuer mit vielen Überraschungen.

**ISBN: 978-3-740-705640**

Ebenso im Handel erhältlich als Taschenbuch und E-Book
## Zabzaraks Spiegel
### (Fantasybuch)

Die Erde war einst ein Ort, an dem Menschen und Lichtwesen friedlich miteinander lebten. Doch eines Tages erklärte der machthungrige Zauberer Tarek Su Zabzarak den Krieg. Er tötete das gütige Herrscherpaar Lady Tizia und Lord Kodron. Dann stahl er den Elben das Lachen und die Musikinstrumente, so dass sie keine Menschen mehr heilen konnten. Zabzarak krönte sich selbst und wurde zum Herrscher über Zaranien. Etwa tausend Jahre später half ein Junge namens Merlin seinen Freunden bei der Suche nach einem Kater. Dabei durchbrach er den Schleier des Vergessens. Jeremy und Lissy versuchten ihn aufzuhalten und landeten mit ihm in Zaranien, dem Land der Elben und Feen. Sind die drei Freunde tatsächlich die Auserwählten? Können sie es mit dem schwarzmagischen Zauberer und seiner Armee aufnehmen?

**ISBN: 978-3-740-745875**
**Ab 9 Jahre**